Oliver Drewes • Terrarien-Fibel für Kids & Teens

Oliver Drewes

Terrarien-Fibel

FÜR KIDS & TEENS

Dähne Verlag

Fotohinweis

Alle nicht namentlich gekennzeichneten Fotos stammen vom Autor.
Einige Aufnahmen wurden mit freundlicher Erlaubnis in folgenden Zoos gemacht:
S. 10, 67, 81 Reptilienhaus Unteruhldingen (www.reptilienhaus.de). S. 8, 50, 59, 63, 65 rechts, 71 Serpentarium Blankenberge, Belgien (www.serpentarium.be).
S. 14/15, 65 Mitte Wilhelma, Zoologisch-Botanischer Garten Stuttgart (www.wilhelma.de).
S. 52, Zoologisches Forschungsmuseum Alexander König, Bonn (www.zfmk.de).

Ich bedanke mich bei allen, die mir Fotos zur Verfügung gestellt haben, sowie bei den Zoos, in denen ich fotografieren durfte.

Umschlagfoto: Fenja Hardel
Illustrationen: Thoddy (Thorsten Hardel, www.39punkt.de)

Dieses Buch dient der Basis-Information und stellt noch keine umfassende Information zum einzelnen Terrarientier dar. Vor dem Erwerb von Tieren sollte sich jeder verantwortungsbewusste Halter so gut wie möglich informieren (siehe Seite 94). Dabei spielen auch die gesetzlichen Vorschriften (z.B. Tierschutzgesetz) eine wichtige Rolle. Außerdem gibt es länderspezifische Unterschiede. So erfordert die Haltung von Chamäleons in der Schweiz beispielweise einen Sachkundenachweis und einige Tiere dürfen auch erst ab einem Mindestalter (z.B. 16 Jahre) käuflich erworben werden.

Bibliografische Information der Deutschen Bibliothek

Die Deutsche Bibliothek verzeichnet diese Publikation in der Deutschen Nationalbibliografie; detaillierte bibliografische Daten sind im Internet über http://dnb.ddb.de abrufbar.

ISBN 978-3-935175-99-9

Druck: Freiburger Graphische Betriebe
Printed in Germany

Inhalt

Foto: O. Mengedoht

Foto: O. Mengedoht

Einleitung

Du wünschst Dir ein Terrarium, um darin exotische Tiere zu pflegen, die lange und gesund bei Dir leben sollen? Du weißt, dass es keine Streicheltiere sind, und sie sich am wohlsten hinter der Scheibe fühlen?

Mit der heutigen Technik und dem notwendigen Wissen darüber, was diese Tiere brauchen, ist das leicht möglich. Ein Terrarium einzurichten und zu betreiben, ist relativ einfach, aber es gibt auch ein paar Regeln, an die Du Dich halten solltest. Das wird Dir hier Schritt für Schritt erklärt.

Für viele Terrarientypen gibt es im Zoofachhandel Komplettsets zu kaufen, in denen die Grundausstattung bereits enthalten ist. Einige Geschäfte bieten auch sogenannte „plug-and-play-Terrarien" an, die Du komplett eingerichtet gleich mitnehmen kannst. Ich finde aber, dass es am meisten Spaß macht, das Terrar um selbst einzurichten. Vielleicht hast Du ja jemanden, der Dir dabei helfen kann. Was Du über Einrichtung, Pflege und Fütterung wissen musst, findest Du in dieser Fibel. Und natürlich auch eine Auswahl besonders schöner und pflegeleichter Tiere. Also, zuerst lesen, damit Du lange Freude an Deinem Terrarium hast.

Ich wünsche Dir viel Spaß

Dein Oliver Drewes

Oliver Drewes sucht gerne den Kontakt zu Terrarientieren in ihren Heimatländern.

Regel 1
Informiere Dich erst ausreichend über die Bedürfnisse eines Tieres, bevor Du Dich für eine Art entscheidest.

Regel 2
Richte erst das Terrarium ein und lass es einige Tage mit der richtigen Temperatur und Luftfeuchtigkeit laufen.

Regel 3
Wechsle täglich das Trinkwasser und sammle Kot regelmäßig aus dem Terrarium ab.

Die Heimat der Bartagamen ist Australien.

Das Klima ist wichtig

Damit sich die Tiere wohlfühlen und gesund bleiben, brauchen sie die gleichen Bedingungen wie in ihrer Heimat. Welche das sind, und warum das so wichtig ist, verstehst Du nach der Lektüre dieses Kapitels.

Temperatur

Terrarientiere haben – nicht wie zum Beispiel wir Menschen – eine Körpertemperatur, die wärmer sein kann als die Umgebung. Ihr Körper ist immer nur so warm oder kalt wie ihr Lebensraum. Bei Kälte sind sie damit weniger aktiv als bei Wärme. Nur wenn Du im Terrarium ihre gewohnte Temperatur bieten kannst, verhalten sie sich auch so lebhaft wie in der Natur. Dabei suchen sich die Tiere ihre Temperatur selber aus, indem sie zwischen Sonnen- und Schattenplätzen wechseln. Gerade am Morgen müssen sie erst einmal Wärme tanken, um genug Energie zur Bewegung zu haben. Manche Tiere können das durch ihre Körperfarbe beeinflussen. Du hast vielleicht schon ein-

Durch dunkle Körperfarbe nehmen Echsen mehr, durch helle Körperfarbe weniger Wärme auf.

mal gemerkt, dass es in schwarzen Autos schnell wärmer wird als in weißen? Einige Wüsten bewohnende Echsen zum Beispiel sind morgens sehr dunkel gefärbt. Wenn es dagegen sehr heiß wird, färben sich die Tiere fast weiß oder verlassen die Wärmezone. Der Temperaturbedarf ist bei den Tieren grundsätzlich sehr unterschiedlich. Nur wenige brauchen immer gleiche Temperaturen, viele brauchen kühlere Temperaturen in der Nacht und einige sogar noch mehr Abkühlung während der Wintermonate.

Foto: JBL

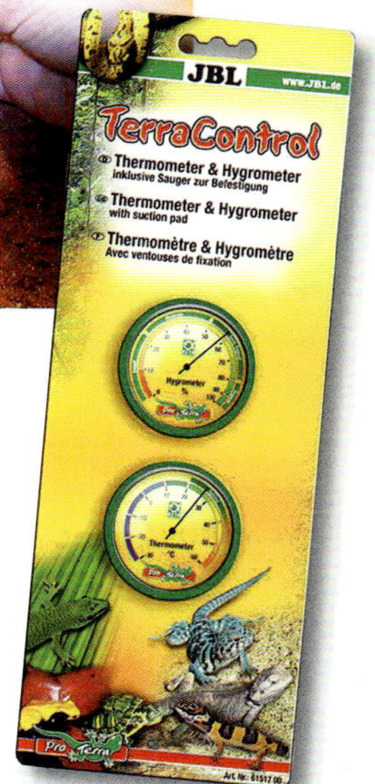

Feuchtigkeit

Feuchtigkeit beeinflusst nicht nur das Verhalten, sondern auch die Gesundheit der Tiere und sie werden dann auch sehr viel aktiver. Da Amphibien Wasser auch über die Haut aufnehmen können, darf es in ihrem Terrarium nie zu trocken werden. Reptilien können sich in feuchter Luft viel besser häuten als in zu trockener. Es darf allerdings in ihrem Terrarium auch nicht zu nass und zu wenig belüftet sein, dann bildet sich nämlich schnell Schimmel.

Die Feuchtigkeit kannst Du auf verschiedene Weise beeinflussen. Moose, die den Boden bedecken, halten im Wald- und Regenwaldterrarium länger die Feuchtigkeit. Die Luftfeuchtigkeit wird durch einen beheizten Wasserteil, durch Sprühen, Vernebler oder Beregnungsanlagen erhöht. In der Nacht steigt die Luftfeuchtigkeit von selbst an. Warme Luft kann nämlich mehr Feuchtigkeit aufnehmen als kalte. Sinkt in der Nacht die Temperatur, gibt die Luft mehr Feuchtigkeit ab.

Licht

Beleuchtung ist im Terrarium besonders wichtig, weil die meisten Lichtquellen auch die notwendige Wärme abgeben. Terrarientiere suchen also gezielt helle Sonneninseln auf, um dort höhere Temperaturen zu finden. Bei zu schwacher Beleuchtung zeigen die Tiere nicht ihre ganze Farbenpracht und verhalten sich auch weniger aktiv. Pflanzen im Terrarium entwickeln sich ohne Licht nur schwach und bleiben blass.

Die Dauer der Beleuchtung hängt von den Herkunftsländern der Tiere ab. Am Äquator, einer Wärmezone in der Höhe Afrikas, ist es am Tag genau 12 Stunden hell und 12 Stunden dunkel. Bei uns haben wir im Sommer etwa 16 und im Winter 8 Stunden Licht. Solche Terrarientiere brauchen deswegen nicht nur einen Tag-Nacht-Rhythmus, sondern auch einen Sommer-Winter-Rhythmus.

Terrarientiere nehmen Wärme nur in Verbindung mit Licht wahr!

UV-Beleuchtung

Bei tagaktiven Echsen und Schildkröten ist dieser besondere Teil des Lichtes so wichtig, dass ich ihn auf S. 69 separat erläutere. Hast Du gewusst, dass unser menschliches Auge nicht alle Bereiche des Lichtes sehen kann? Es gibt eine sogenannte ultraviolette Strahlung (UV), die viele Terrarientiere sehen können, wir Menschen aber nicht. Ein Bereich der UV-Strahlung, der sich UV-B nennt, ermöglicht es den Reptilien, in der Haut ein bestimmtes Vitamin zu bilden, das ihnen hilft, Kalzium aus der Nahrung zu verarbeiten. Fehlt dieses Vitamin, bekommen Schildkröten ganz weiche Panzer und Echsen weiche Muskeln und Knochen. Sie erhalten dann eine andere Form, was auch nicht rückgängig gemacht werden kann. Das ist nicht nur optisch unschön, die Tiere leiden stark darunter.

Am besten richtest Du Sonnenplätze dort ein, wo Du die Tiere gut beobachten kannst.

Foto: M. Wagemann

Tiere fürs Terrarium

Die Terrarientiere, die ich Dir hier vorstelle, sind alle gut ohne Vorkenntnisse zu pflegen. Einige Tiergruppen, wie z.B. die Spinnentiere, die nur beobachtet, aber nur mit einiger Erfahrung aus dem Terrarium genommen werden dürfen, haben wir hier – zu Deiner Sicherheit – nicht berücksichtigt.

Die angegebenen Terrariengrößen sind Mindestgrößen. In kleineren Becken fühlen sich die Tiere nicht wohl. Sie zeigen dann auch nicht das gleiche abwechslungsreiche Verhalten. Die Angaben beziehen sich auf die Haltung von einem einzelnen Tier oder einem Paar. Bei Tieren, bei denen sich Weibchen untereinander vertragen, müssen für jedes weitere etwa 20 Prozent mehr Bodenfläche eingerechnet werden.

Bei der Beschreibung zu den Tieren findest Du eine Spalte mit kurzen Erläuterungen, die folgendes bedeuten:

Die Haut von Echsen und Schlangen besteht aus mehreren Schichten. Die äußere verhornt, wächst nicht mit und muss daher regelmäßig abgestoßen werden.

Herkunft

Das ist die Heimat des Tieres. Tiere, die im Handel angeboten werden, sollten aber nicht aus diesen natürlichen Vorkommen stammen, sie sollten speziell für die Terraristik nachgezogen und vermehrt worden sein.

Größe

So groß wird das Tier oder die Pflanze im ausgewachsenen Zustand werden. Das Symbol W steht für die Gesamtlänge des Weibchens und M für die des Männchens. Die Schwanzlänge und die Kopf-Rumpf-Länge, die die Grundlage zur Berechnung der Terrariengröße sind, werden nicht extra angegeben.

Terrarientyp

Welches Terrarium ist für die Tiere artgerecht?

Terrariengröße

Wie groß soll das Terrarium für das beschriebene Tier mindestens sein? Breite (B), Tiefe (T) und Höhe (H). Nur Terrarien für Insekten und Krebse dürfen auch etwas kleiner sein.

Aktivität

In dieser Zeit ist das Tier hauptsächlich aktiv. Am längsten kannst Du natürlich die Tiere beobachten, die am Tag lebhaft sind.

Zusammensetzung

Ob Tiere paarweise (1,1), einzeln (1), ein Männchen mit mehreren Weibchen (1,X) oder zu mehreren Männchen und Weibchen (X,X) gehalten werden können, sind wichtige Angaben.

Temperatur

Die richtige Lufttemperatur in Grad Celsius.

Luftfeuchtigkeit

Zu feuchte Haltung könnte zu Infektionen der Atemwege führen. Echsen und Schlangen könnten bei zu niedrigen Werten Häutungsprobleme bekommen.

Nahrung

Einige Terrarientiere ernähren sich von Pflanzen, andere von tierischer Nahrung wie Insekten (mit Insekten sind Heimchen, Grillen, Heuschrecken und Schaben gemeint, ohne dies immer wieder aufzuzählen), Larven, Würmern oder kleinen Mäusen und Ratten. Andere bevorzugen pflanzliche und tierische Nahrung, die nennt man dann Allesfresser.

Winterruhe

Manche Tiere benötigen eine Ruhephase, in der Du sie dann selten oder auch gar nicht siehst. Es wird kürzer beleuchtet und beheizt und auch weniger gefüttert.

Echsen

Der Körper von Echsen ist mit einem verhornten Gewebe bedeckt, das sie vor dem Austrocknen schützt und Schuppen genannt wird. Da die obere Hautschicht nicht mitwächst, verlieren sie die alte Haut hin und wieder – genau wie die Schlangen, mit denen sie verwandt sind. Echsen haben einen langen Schwanz und Beine, mit denen sie kriechen und klettern können. Manche können auch gut schwimmen und tauchen, auch wenn sie nur auf dem Land leben.

Echsen können auch hören. An an ihren runden Pupillen erkennt man, ob sie überwiegend tagaktiv sind. Geschlitzte Pupillen zeigen, dass sie eher nachts auf die Jagd gehen.

Es gibt etwa 4.600 unterschiedliche Echsenarten. Zur Haltung im Terrarium eignen sich vor allem Agamen, Geckos, Leguane und Chamäleons. Viele Männchen mögen sich untereinander nicht und vertragen sich nur mit einem oder mehreren Weibchen.

Die meisten Echsen ernähren sich überwiegend von tierischer Nahrung, manche fressen aber auch oder sogar nur Pflanzen. Das Terrarium mit Echsen braucht zusätzlich zur Beleuchtung UV-B-Strahler (s. S. 69).

Das Jemenchamäleon erkennst Du an seiner typischen Kopfform.

Foto: Pavel Losevsky, Fotolia.com

Bartagame

Pogona vitticeps

Haben die Agamen wirklich einen Bart? Das scheint nur so, denn sie haben einen Kehlhautsack mit Stacheln, den sie aufblähen können. Vor allem die Männchen imponieren damit den Weibchen und drohen anderen Männchen.

Ihre Grundfarbe ist graubraun bis rötlich und verändert sich abhängig von Temperatur und Erre-

Herkunft:
Osten Australiens

Größe:
bis 55 cm

Terrarientyp:
Trockenterrarium

Terrariengröße:
(BxTxH)
180x120x60 cm

Vorwiegende Aktivität:
tagaktiv

Zusammensetzung:
1,1 / 1,X

Temperatur:
T: 28-30 °C , N: 18-20 °C

Luftfeuchtigkeit:
T: 50-60 %, N: 60-70 %

Nahrung:
3/4 Insekten
1/4 Grünpflanzen

Winterruhe:
2 Monate, Zimmertemperatur

gung. Auf dem Rücken und an den Seiten befinden sich verwaschen wirkende Flecken.

Es sind die beliebtesten und verbreitetsten Echsen überhaupt, weil sie Menschen gegenüber sehr zutraulich werden. In einem großen Terrarium leben sie überwiegend auf dem Boden, dessen Bodengrund zum Graben zehn Zentimeter hoch sein sollte. Du musst ihnen aber auch Kletter- und Versteckmöglichkeiten geben. Gerne halten sie sich unter Sonnenplätzen mit 40 bis 45 °C auf.

Am besten hältst Du sie als Paar. Mehrere Weibchen vertragen sich, wenn das Terrarium mindestens 15 bis 20 Prozent mehr Bodenfläche als notwendig hat.

Tipp
Wenn Du keinen Platz für ein so großes Terrarium hast, eignen sich vielleicht Zwergbartagamen (s.S. 16) besser.

Idealerweise werden Bartagamen paarweise im Terrarium gehalten, ...

... die Terrarien-Grundfläche muss dann entsprechend groß sein.

Zwergbartagame

Pogona henrylawsoni

Herkunft:
Zentrales bis westliches Queenland, Australien

Größe: 30 cm

Terrarientyp:
Trockenterrarium

Terrariengröße:
(B x T x H)
120 x 60 x 60 cm

Vorwiegende Aktivität:
tagaktiv

Zusammensetzung:
1,1 / 1, X

Temperatur:
T: 28-30 °C , N: 18-20 °C

Luftfeuchtigkeit:
T: 50-60 %, N: 60-70 %

Nahrung:
3/4 Insekten,
1/4 Grünpflanzen

Winterruhe:
2 Monate, Zimmertemperatur

Die Zwergbartagame wird nur halb so groß wie die Bartagame (s.S.14). Sie ist sehr beliebt, weil sie sehr zutraulich wird und nicht so viel Platz braucht. Ihr Bart ist nicht so stark entwickelt und ihr Kopf ist rundlicher. Die Grundfarbe ist hellbraun bis rotorange. Der Rücken hat unterschiedliche Zeichnungsmuster. Unterhalb einer flachen Stachelreihe an den Seiten ist der hellere Bauch sichtbar.

Tipp
Möchtest Du Deine Zwergbartagamen vermehren? Dann brauchst Du nicht nur ein zweites Terrarium, Du solltest Deine Tiere auch bei unterschiedlichen Händlern oder Züchtern kaufen.

Sie bewohnen den Boden und graben gern. Bei der Dekoration im Terrarium musst Du Versteck- und Rückzugsmöglichkeiten bieten. Sonnenplätze mit 40 bis 45 °C suchen sie gerne auf und liegen beim Sonnen oft eng aneinander.

Am besten kann man sie als Paar halten. Mehrere Weibchen vertragen sich besser, wenn die Bodenfläche 15 bis 20 Prozent größer ist. Alle in Deutschland gehaltenen Zwergbartagamen stammen nur von ganz wenigen Tieren ab.

Goldskink

Eutropis macularia

Fotos: B.Kahl

Der Goldskink ist olivbraun und sieht auf dem Rücken fast schon goldfarben aus. An den Seiten trägt er ein dunkles Band mit hellen Punkten. Der Schwanz ist etwas länger als sein schlanker, relativ runder Körper. Der Kopf ist spitz, und hinter den Augen kannst Du die Ohröffnungen gut erkennen. Er wird „Sonnenskink" genannt und sonnt sich auch im Terrarium sehr oft. Deshalb musst Du eine Ecke heller ausleuchten und wärmer halten. Mit einem Spotstrahler kann man eine Sonneninsel mit 32 °C sehr gut einrichten.

Der Goldskink bewohnt den Boden, klettert aber auch gerne. Versteck- und Klettermöglichkeiten kann man prima mit Ästen, Wurzeln und flachen Steinplatten einrichten. Ein Bodengrundgemisch aus Sand und Lehm ist zum Graben ideal. Wenn Du das Terrarium mit echten Pflanzen dekorierst, setzt Du sie im Boden am besten in Töpfe. Eine Trinkschale darf – wie in allen Terrarien – nicht fehlen. Neben Insekten frisst der Goldskink auch gerne Gehäuseschnecken sowie hin und wieder weiches Obst und Gemüse.

Herkunft:
Pakistan bis Malaysia

Größe:
bis 17 cm

Terrarientyp:
Waldterrarium

Terrariengröße:
(B x T x H)
80 x 40 x 50 cm

Vorwiegende Aktivität:
tagaktiv

Zusammensetzung:
1,1 / 1,2

Temperatur:
T: 24-26 °C , N: 18-20 °C

Luftfeuchtigkeit:
T: 50-60 %, N: 60-70 %

Nahrung:
Insekten

Winterruhe:
nicht erforderlich

Großer
Madagaskar-Taggecko
Phelsuma madagascariensis grandis

Wie der Name verrät, ist die Heimat dieser Geckos die Insel Madagaskar, wo er zu den großen Vertretern seiner Art gehört. Er ist der beliebteste Taggecko und am einfachsten zu pflegen. Seine kleineren Verwandten kann man auch in weniger großen Terrarien halten.

Die Oberseite des Körpers ist grasgrün, die Unterseite weißlich.

Herkunft:
Madagaskar &
Nosy Bohara

Größe: bis 28 cm

Terrarientyp:
Regenwaldterrarium

Terrariengröße:
(B x T x H)
60 x 60 x 120 cm

Vorwiegende Aktivität:
tagaktiv

Zusammensetzung:
1,1

Temperatur:
T: 25-28 °C, N: 18-22 °C

Luftfeuchtigkeit:
T: 60-70 %, N: 80-90 %

Nahrung:
Insekten, Obstbrei

Winterruhe:
nicht erforderlich

Auf dem Rücken hat er vereinzelte orangerote Flecken oder Querstreifen. Der Schwanz ist fast so lang wie der Körper, und er kann ihn bei Bedrohung abwerfen. Durch den noch einige Zeit zuckenden Schwanz werden Feinde abgelenkt, während der Gecko flüchten kann. Deshalb muss man recht behutsam mit ihm umgehen, auch

Viele Echsen nehmen gerne Tröpfchen des Sprühwassers auf.

Foto: H. Blessin

Fotos: A. Linke

Im Brutbehälter, vor den kannibalistischen Eltern geschützt, schlüpft ein junger Taggecko.

wenn der Schwanz wieder nachwächst. Auch die Haut wird schnell verletzt und leider bleiben nach dem Abheilen Narben. Wenn Du Dich für diese Art entscheidest, heißt es: „nur gucken, nicht anfassen". Wenn er langsam daran gewöhnt wird, leckt Dir der Gecko aber Früchtebrei vom Finger.

Jemenchamäleon

Chamaeleo calyptratus

Fotos: H. Blessin

Herkunft: Jemen, Süd-Saudiarabien

Größe: bis 60 cm

Terrarientyp: Waldterrarium

Terrariengröße: (BxTxH) 125 x 75 x 200 cm

Vorwiegende Aktivität: tagaktiv

Zusammensetzung: 0,1 / 1,0 / 0,X

Temperatur: T: 28-32 °C, N: 18-25 °C

Luftfeuchtigkeit: T: 50-70 %, N: 70-80 %

Nahrung: Insekten

Winterruhe: nicht erforderlich

Heute wird es bei uns nachgezüchtet, seine Vorfahren kamen ursprünglich wirklich aus dem Jemen. Es bewohnt subtropische Gebiete und lebt dort auf Bäumen. Zur Haltung brauchst Du ein sehr großes Terrarium. Es gibt zwar kleinere Chamäleons, die aber schwieriger zu halten sind. Das Jemenchamäleon ist sehr farbenprächtig. Die Grundfarbe ist türkisgrün mit weißen, grauen, gelben, orangefarbenen und braunen Abstufungen. Erwachsene Männchen sind ganz individuell gefärbt. Typisch für die Art sind aber drei bis fünf gelbliche Querstreifen.

Insekten fängt das Chamäleon, indem es mit seiner langen Zunge auf sie zu schießt und sie dann daran kleben bleiben. Zum Trinken wird das Terrarium täglich besprüht, denn Trinkschälchen werden nicht beachtet. Alternativ kann man eine sogenannte Tropftränke aufhängen oder einmal in der Woche mit einer Pipette Wasser geben. Wenn sie zu wenig Wasser

bekommen, fressen die Tiere manchmal nicht mehr. Sie haben ein großes Bedürfnis nach Frischluft, weshalb das Terrarium ausreichend Lüftungsflächen haben muss.

Zur Einrichtung nimmst Du viele horizontale Kletteräste, darauf bewegt sich das Chamäleon mit schaukelnden Bewegungen langsam voran.

Chamäleons können ihre Augen, unabhängig voneinander, in jede Richtung drehen.

Pantherchamäleon

Furcifer pardalis

Fotos: F. Hardel

Herkunft:
Feuchte Urwälder Madagaskars

Größe:
W: 35 cm, M: 50 cm

Terrarientyp:
Regenwaldterrarium

Terrariengröße:
(B x T x H)
100 x 60 x 180 cm

Vorwiegende Aktivität:
tagaktiv

Zusammensetzung:
1,0 / 0,1

Temperatur:
T: 22-28 °C, N: 16-22 °C

Luftfeuchtigkeit:
T: 70-80 %, N: 80-100 %

Nahrung:
Insekten

Winterruhe:
nicht erforderlich

Chamäleons haben besondere Pflegebedürfnisse und sind keine Anfängertiere. Wenn Du aber schon Erfahrungen in der Terraristik gesammelt hast, dann sind ein Jemenchamäleon oder das farblich besonders vielseitige Pantherchamäleon die besten Arten für den Einstieg. Die Männchen sind sehr unterschiedlich gefärbt und es gibt regional unterschiedliche Farbvarianten. Die Grundfarbe schwankt zwischen Grün, Grau, Rot, Rosa und Braun mit weißen bis roten Flecken und häufig hellen Seitenstreifen. Die nicht so farbigen Weibchen variieren zwischen Gelblich, Grau und Rosa. Erwachsene Männchen haben eine grüne Kehle, erwachsene Weibchen meist eine orangerote. Die baumbewohnenden Einzelgänger sind sehr lichtbedürftig, sodass Du mit mehreren Lampen hohe Lux-Werte erreichen musst. Die Temperatur unter Sonneninseln darf bis 35 °C betragen. Zur Wasserversorgung musst Du das Terrarium einmal täglich besprühen, eine Tropftränke ist empfehlenswert. Tieren ab 20 cm Größe gibst Du sonst mindestens einmal pro Woche Wasser mit der Pipette. Die vielen Kletteräste dürfen für die Greiffüße nicht zu dick sein.

Leopardgecko
Eublepharis macularius

Der Gecko erinnert mit seinen schwarzbraunen Flecken auf gelbem Grund tatsächlich an einen Leoparden. Vom Wesen her ist er aber sehr friedlich und wird im Terrarium schnell zahm. Nur Männchen untereinander vertragen sich nicht, wie das bei fast allen Echsen der Fall ist.

Tipp
An den geschlitzten Pupillen kannst Du immer erkennen, welche Tiere am Tag gar nicht oder wenig aktiv sind.

Foto: T. Adam

Leopardgeckos haben bewegliche Augenlider. Eine Besonderheit ist auch, dass ihr Schwanz kürzer als der Körper ist. Er ist sehr dick, weil sich darin Fettreserven befinden. Die Beine sind relativ dünn, aber an den Zehen befinden sich kräftige Krallen. Auf dem Boden lebend, kann er mit ihnen im Lehm-Sand-Gemisch gut graben.

Obwohl sie tagsüber schlafen und sich gern in Höhlen oder unter Steinen verstecken, gehören Leopardgeckos zu den beliebtesten Terrarientieren. Erst gegen Abend werden sie munter, und man kann sie beobachten. In den letzten Jahren sind sehr viele schöne Farbvarianten gezüchtet worden.

Herkunft:
Iran bis Nordwest-Indien

Größe: bis 25 cm

Terrarientyp:
Trockenterrarium

Terrariengröße:
(B x T x H)
100 x 80 x 40 cm

Vorwiegende Aktivität:
Dämmerung, Nacht

Zusammensetzung:
1,1 / 1,X

Temperatur:
T: 28-30 °C, N: 18-20 °C

Luftfeuchtigkeit:
T: 50-60 %, N: 60-70 %

Nahrung:
Insekten, nestjunge Säuger

Winterruhe:
2 Monate, Zimmertemperatur

Rotkehlanolis

Anolis carolinensis

Herkunft:
Kuba, Bahamas, Florida

Größe:
M: bis 21 cm,
W: bis 17 cm

Terrarientyp:
Regenwaldterrarium

Terrariengröße:
(B x T x H)
40 x 40 x 60 cm

Vorwiegende Aktivität:
tagaktiv

Zusammensetzung:
1,1 / 1,X

Temperatur:
T: 26-30 °C, N: 20-22 °C

Luftfeuchtigkeit:
T: 60-65 %, N: 80 %

Nahrung:
Fliegen, Insekten

Winterruhe:
4 Monate 18-20 °C

Anolis gehören zur Familie der Leguane. Ihr Kopf ist flach und lang gestreckt. Wenn Sie aufgeregt sind, bekommen die Männchen des Rotkehlanolis tatsächlich eine purpurrote Kehle. Auf der Oberseite sind sie hellgrün bis bräunlich gefärbt, die Unterseite ist weißlich. Je nach Stimmung ändern sie ihre Körperfarbe, weshalb sie auch das Chamäleon unter den Leguanen genannt werden. An der Unterseite der Zehen haben sie Lamellen, mit denen können sie wie Geckos glatte Bäume und sogar senkrechte Flächen erklettern. Entsprechend musst Du den Baumbewohnern auch im Terrarium Möglichkeiten zum Klettern geben. Die scheuen Tiere ziehen sich gerne in eine üppige Bepflanzung zurück.

Für ein Pärchen kann das Terrarium relativ klein sein, in einem größeren kannst du aber auch ein Männchen mit einer Gruppe von Weibchen halten. Das Terrarium braucht einen hellen Standort oder eine helle Beleuchtung. Zusätzlich solltest Du einen Platz zum Sonnen einrichten. Manchmal sind Rotkehlanolis eine Zeit lang wählerisch beim Futter. Einige Tiere legen vom Herbst bis zum Frühjahr eine freiwillige Fastenzeit ein.

Fotos: C. Seidel

Sechsstreifen Langschwanzeidechse
Takydromus sexlineatus

Foto: C. Seidel

Foto: H. Blessin

Herkunft:
Südchina bis Indien im Westen und Indonesien im Süden

Größe: 36 cm

Terrarientyp:
Waldterrarium

Terrariengröße:
(B x T x H)
80 x 40 x 60 cm

Vorwiegende Aktivität:
tagaktiv

Zusammensetzung:
1,1 / 1,X

Temperatur:
T: 26-28 °C, N: 20-22 °C

Luftfeuchtigkeit:
T: 60-70 %, N: 70-80 %

Nahrung:
kleine Fliegen und Insekten

Winterruhe:
2 Monate, Zimmertemperatur

Diese kleinen Eidechsen haben einen spitzen Kopf, an dem deutlich die Ohröffnungen zu sehen sind. Beine und Zehen sind lang und dünn. An der Oberseite sind sie olivfarben bis braun, die Unterseite ist weißlich. Wie der Name verrät, zeigen die Eidechsen sechs Streifen auf dem Körper. Der Schwanz ist fünfmal länger als ihr Körper, das heißt, der Rumpf misst nur sechs Zentimeter. Beim schnellen Laufen über Grashalme hilft der Schwanz den Tieren, das Gleichgewicht zu halten.

Am besten dekorierst Du das Terrarium mit Pflanzen, die lange Halme haben. Ergänzend eignen sich dünne Zweige, Reben und Wurzeln. Wenn Du die Rückwand mit Korkplatten beklebst, vergrößert das die Lauffläche.

Die Eidechsen bewegen sich sehr schnell, sind auch im Terrarium sehr aktiv und werden mit der Zeit recht zutraulich.

Schlangen

Der Königspython gilt als sehr friedfertig und geduldig.

Verbreitet in der ganzen Welt gibt es ungefähr 3.000 verschiedene Schlangenarten. Sie leben im Meer, im Wald und in den Wüsten. Einige können schwimmen, tauchen und sehr gut klettern. Da sie keine Beine haben, schlängeln sie sich durch Muskelbewegungen vorwärts. Schlangen können nicht hören, aber mit ihrer Zunge sehr gut Gerüche erkennen.

Da sie Wärme gut erspüren können, erkennen sie ihre Beute auch im Dunkeln. In der Natur ernähren sie sich zum Beispiel von Mäusen, Vögeln, Reptilien, Amphibien oder Fischen. Im Terrarium gehalten, taut man gefrorene Futtertiere für sie auf. Um große Beute zu verschlingen, können Schlangen ihren Unterkiefer aushängen. Sie stülpen sich praktisch über das Futtertier. Wie die Echsen müssen sie sich, wenn sie wachsen, hin und wieder häuten. Man erkennt das daran, dass sich ihre Augen trüben.

Königspython

Python regius

Den Königspython nennt man auch Ballschlange. Warum das so ist, kannst Du auf dem Foto der gelben Albinovariante im Bild oben schön erkennen. Befürchtet er Gefahr, rollt er sich wie zu einem Ball zusammen. Von diesen sehr friedfertigen Schlangen gibt es mittlerweile viele Farbzüchtungen, aber auch die Wildfarbe ist schön. Beim Kauf solltest Du aber ein Nachzuchttier erwerben, weil die unproblematischer in der Annahme von Futter sind.

Die Zeichnung ist bei jedem Tier verschieden. Die Grundfärbung ist sandfarben bis gelblich. Auf dem Rücken siehst Du große dunkle Fleckenmuster, teilweise mit hellen Rändern.

Im Terrarium sollte der Boden feucht, aber nicht nass sein. Trockene Ruheplätze und eine Badeschale, in welche die Schlange auch hinein passt, sind notwendig. Wenn Du starke Kletteräste und Verstecke unter Naturkorkplatten und -röhren einbaust, wird sich die Schlange bei Dir sehr wohl fühlen.

Herkunft:
West- bis Zentralafrika

Größe:
M: bis ca. 160 cm

Terrarientyp:
Waldterrarium

Terrariengröße:
(B x T x H)
160 x 80 x 120 cm

Vorwiegende Aktivität:
Dämmerung, Nacht

Zusammensetzung:
1,1 / 1,X

Temperatur:
T: 24-30 °C N: 18-25 C°

Luftfeuchtigkeit:
T: 60-70 %, N: 70-80 %

Nahrung:
Mäuse, Ratten, Küken

Winterruhe:
nicht erforderlich

Tipp
Winterruhe ist nicht erforderlich. Zwei Monate bei Zimmertemperatur und ein Drittel kürzere Beleuchtungszeit steigern aber das Wohlbefinden und stimulieren die Paarung.

Foto: S. Hellner

Kornnatter

Pantherophis guttatus

Foto: T. u. Y. Klesius

Herkunft:
USA, Mexiko

Größe:
M: bis 90,
W: bis 130 cm

Terrarientyp:
Waldterrarium

Terrariengröße:
(B x T x H)
120 x 60 x 90 cm

Vorwiegende Aktivität:
Dämmerung

Zusammensetzung:
X,X

Temperatur:
T: 22-28 °C , N: 18-20 °C

Luftfeuchtigkeit:
T: 50-60 %, N: 60-70 %

Nahrung:
Mäuse, Ratten

Winterruhe:
4 Monate 12-15 °C

Warum die Kornnatter so heißt, weiß man nicht genau. Vielleicht, weil man sie oft an Korn- und Maissilos sieht, wo sie Mäuse jagt? Oder weil ihre Unterseite wie der bunte Indiandermais (engl.: corn) aussieht? Diese schönen Nattern sind jedenfalls die beliebtesten Schlangen im Terrarium.

Die Grundfarbe ist organgerot bis rotbraun. Auf dem Kopf befindet sich meist ein spitz zulaufendes Muster. Der Körper hat viele ziegelrote Flecken mit schwarzen Rändern. Von dieser Art gibt es aber auch ganz viele Züchtungen in unterschiedlichen Farben und Zeichnungen. Die Augen sind groß und die Pupillen rund, wodurch die Schlange sehr freundlich aussieht.

Kornnattern leben am Boden, klettern aber auch sehr gerne. Des-

Foto: T. u. Y. Klesius

halb brauchen sie Klettermöglichkeiten im Terrarium. Auch Versteckmöglichkeiten, damit sich die Schlange mal zurückziehen kann, sind wichtig. Überwiegend sind die Tiere dämmerungsaktiv, aber oft sieht man sie auch am Tag. Damit sie sich sonnen können, gehört ein Spotstrahler ins Terrarium, der eine Wärme von 32 °C erreicht. Aufstellen musst Du auch eine große Wasserschale.

Kornnattern sind die am meisten nachgezüchteten Schlangen und gehören zu den beliebtesten Reptilien.

Rote Königsnatter

Lampropeltis triangulum sinaloae

Fotos: J.-C. Villars

Herkunft:
West-Mexiko

Größe:
M: bis 120 cm

Terrarientyp:
Waldterrarium

Terrariengröße:
(B x T x H)
120 x 60 x 90 cm

Vorwiegende Aktivität:
Dämmerung

Zusammensetzung:
1,0 / 0,1 / 1,X / X,X

Temperatur:
T: 25-27 °C N: 20-22 °C

Luftfeuchtigkeit:
T: 50-60 %, N: 60-70 %

Nahrung:
Mäuse, nestjunge Ratten

Winterruhe:
3 Monate, Zimmertemperatur

Alternativ bezeichnet man diese Art auch als Dreiecksnatter oder Milchschlange. Dreiecksnatter, weil der Körper unten flach und nach oben spitz geformt ist wie ein Dreieck. Aber warum Milchschlange? Die Nattern haben früher im warmen Stall Unterschlupf gesucht. Haben die Kühe nicht genug Milch gegeben, haben die Bauern geglaubt, die Nattern hätten sie abgesaugt. Dabei haben sie nur kleine Mäuse und Ratten gejagt.

Von dieser Natter gibt es über zwanzig Unterarten. Manche werden nur 60, andere über 160 Zentimeter lang. Der Kopf ist nicht so breit wie bei anderen Schlangen.

Die Tiere sind sehr friedlich, aber futterneidisch und kannibalisch. Willst Du mehrere gleich große (!) Nattern halten, musst Du sie zum Füttern in eine Terrabox umsetzen. Sonst könnte nämlich eine Schlange anfangen, die anderen, die ihre Beute noch nicht ganz verschluckt haben, zu verschlingen. Badebecken, Klettermöglichkeiten und Höhlen dürfen im Terrarium nicht fehlen.

Sechsstreifen
Strumpfbandnatter
Thamnophis sirtalis parietalis

Foto: O. Mengedoht

Beim Kauf einer Strumpfbandnatter möchte ich Dir zu Nachzuchten aus Deutschland und zu einer schönen Farbvariante raten. Die normale Variante ist in der Natur teilweise in ihrem Bestand bedroht. Mit der Nachzucht leistest Du also auch einen Beitrag zur Erhaltung der Art.

Im Terrarium baden und sonnen sich die Nattern gerne. Sie sind scheuer, vertragen sich aber untereinander besser als manch andere Schlangen. Du kannst sie gut in einer Gruppe halten, wenn Du pro zusätzlichem Tier 20 Prozent mehr Grundfläche rechnest.

Das Terrarium braucht neben Kletter- und Versteckmöglichkeiten unbedingt ein sehr großes Badebecken und muss dicht sein, denn die Schlangen zwängen sich durch kleinste Ritzen.

Foto: D. Grübner

Tipp
Farblich schöner, allerdings auch teurer ist die rotköpfige Unterart *Thamnophis sirtalis tetrataenia*.

Foto: O. Mengedoht

Herkunft:
West-Kanada bis Südost-USA

Größe:
M: über 80 cm,
W: bis 120 cm

Terrarientyp:
Waldterrarium

Terrariengröße:
(B x T x H)
120 x 60 x 90 cm

Vorwiegende Aktivität:
tagaktiv

Zusammensetzung:
1,0 / 0,1/ 1,X / X,X

Temperatur:
T: 25-28 °C , N: 16-20 °C

Luftfeuchtigkeit:
T: 50-60 %, N: 60-70 %

Nahrung:
Fisch, Schnecken, Regenwürmer, nestjunge Säuger

Winterruhe:
3 Monate, 8-15 °C

Schildkröten

Die hier empfohlenen Tiere werden nicht so problematisch groß wie die Rot- und Gelbwangenschildkröten, die man in der Kindheit Deiner Eltern kaufen konnte.

Wie Echsen und Schlangen, gehören Schildkröten zu den Reptilien. Ihr Name beruht auf einem Irrtum, der bereits aus dem Mittelalter stammt, denn mit Kröten aus der Klasse der Amphibien haben sie nichts zu tun. Es gibt ca. 250 Arten von Schildkröten, darunter Land-, Schlamm- und Sumpfschildkröten. Mit Ausnahme der kalten Klimazonen findet man Schildkröten in der ganzen Welt. In Meeren, Seen, Flüssen, Wäldern und Wüsten. Hören können sie nicht sehr gut, dafür aber sehen und riechen. Sie haben keine Zähne, aber am Ende des Kiefers sogenannte Hornscheiden. Damit können sie auch kräftig zubeißen. Landschildkröten fressen überwiegend Pflanzen; Schlamm- und Sumpfschildkröten fressen kleine Tiere. Typisch ist natürlich ihr Panzer, an dem man die Arten unterscheiden kann. Bei Gefahr ziehen Schildkröten neben Gliedmaßen und Schwanz auch den Kopf ein. Tun sie das s-förmig, dann nennt man sie Halsbeuger. Die Halswender legen den Kopf beim Einziehen seitlich um.

Chinesische

Dreikielschildköte

Chinemys reevesii

Auf dem Panzer dieser Sumpfschildkröte sieht man drei lange Kiele, die der Art ihren Namen gegeben haben. Die Panzer der Weibchen sind hell, die der Männchen können sehr dunkel werden. Ihre Haut ist graugrün und am Hals mit dünnen Linien versehen.

In ihrer Heimat bewohnen sie ruhige Flussabschnitte und Reisfelder. Im Aquaterrarium kannst Du sie paarweise oder als Gruppe halten. Dort brauchen sie einen Landteil von einem Drittel und einen Wasserteil von zwei Dritteln der Fläche. Der Wasserstand sollte 30 bis 40 cm hoch sein und die Wassertemperatur der Lufttemperatur entsprechen. Wegen der schnellen Verschmutzung musst Du das Wasser und den Filter oft reinigen.

Regelmäßig suchen die Schildkröten den Landteil auf, um sich zu trocknen und zu sonnen. Überwintern kann man sie im Terrarium oder in einer Kiste mit feuchtem Moos und Laub im Keller. Die Tiere werden schnell zutraulich und nicht zu groß. In den Sommermonaten ist eine Freilandhaltung am Teich möglich. Wundere Dich aber nicht, wenn sich die Schildkröten dann manchmal für eine Zeit vergraben.

Herkunft:
China, Philippinen, Japan

Größe:
M: bis 12 cm,
W: bis 17 cm

Terrarientyp:
Aquaterrarium

Terrariengröße:
(B x T x H)
120 x 60 x 60 cm

Vorwiegende Aktivität:
tagaktiv

Zusammensetzung:
1,X / X,X

Temperatur:
T: 25 °C, N: 20 °C

Luftfeuchtigkeit:
T: 60-70 %, N: 70-80 %

Nahrung:
Schildkrötenfutter,
Fischstücke

Winterruhe:
3 Monate, 15 °C

Fotos: X. Wapelhorst

Gewöhnliche

Moschusschildkröte

Sternotherus odoratus

Herkunft:
Nordmexiko bis Südkanada

Größe: bis 14 cm

Terrarientyp:
Aquaterrarium

Terrariengröße:
(B x T x H)
80 x 40 x 40 cm

Vorwiegende Aktivität:
Dämmerung

Zusammensetzung:
1,X

Temperatur:
T: 20-25 °C, N: 15-20 °C

Luftfeuchtigkeit:
T: 60-70 %, N: 70-80 %

Nahrung:
Schildkrötenfutter, Fischstücke

Winterruhe:
2 Monate, Zimmertemperatur

Wenn diese Schildkröten noch nicht eingewöhnt sind und sich bedroht fühlen, können sie ein übel nach Moschus riechendes Sekret abgeben. Wenn sie Dich kennen, lassen sie sich auch mit der Pinzette füttern. Ihr hoch gewölbter Rückenpanzer ist dunkelbraun bis schwarz. Auf dem Kopf erkennst Du zwei helle Streifen, an Kinn und Hals haben sie Barteln. Moschusschildkröten können den Kopf bis zu den Hinterbeinen recken. Im Aquaterrarium werden die Schildkröten das Wasser nur selten verlassen. Aber allein wegen der Eiablagemöglichkeit kannst Du bei der Haltung nicht auf einen kleinen Landteil verzichten. Der Wasserstand sollte einen Zentimeter niedriger als die Körperlänge der Tiere sein. Ist er höher, musst Du Ihnen Klettermöglichkeiten zur Oberfläche bieten. Sichtbarrieren, zum Beispiel aus Moorkienwurzeln, und Verstecke aus Blumentöpfen unter Wasser dürfen nicht fehlen. Wird der Landteil mit Hölzern dekoriert, solltest Du auf Ausbruchsicherheit achten, da die Tiere gute Kletterer sind. Im Sommer ist eine Freilandhaltung am Teich möglich.

Fotos: X. Wapelhorst

Foto: H. Blessin

Froschlurche

Das ist eine gemeinsame Bezeichnung für beispielsweise Frösche, Kröten und Unken. Sie gehören zu den Amphibien. Das kommt aus dem Griechischen und bedeutet „doppellebig", weil die Tiere sowohl auf dem Land als auch im Wasser leben können. Es gibt ungefähr 2.600 Arten von Froschlurchen. Alle haben eine rundliche Körperform ohne Schwanz und vier Gliedmaßen (so sagt man zu ihren Beinen). Die hinteren sind sehr kräftig, denn damit stoßen sie sich beim Springen ab. Sie leben vom Polarkreis bis zur südlichen Spitze Südamerikas. Einige Männchen rufen mit lauter Stimme nach ihren Weibchen. Nach der Paarung legen die Weibchen Eier, aus denen, meistens in Gewässern, zunächst Kaulquappen schlüpfen. Diese verändern nach und nach ihr Aussehen, der Schwanz bildet sich zurück und es wachsen Gliedmaßen.

Besonders in den Sommermonaten musst Du darauf achten, dass die empfohlenen Temperaturen nicht überschritten werden und die Tiere nicht austrocknen.

Australischer Korallenfinger-Laubfrosch

Agalychnis callidryas

Foto: C. Seidel

Herkunft:
Australien, Papua Neuguinea

Größe: bis 10 cm

Terrarientyp:
Aquaterrarium

Terrariengröße:
(B x T x H)
50 x 40 x 80 cm

Vorwiegende Aktivität:
Dämmerung und Nacht

Zusammensetzung:
X,X

Temperatur:
T: 23-28 °C, N: 18-20 °C

Luftfeuchtigkeit:
T: 60-70 %, N: 80-90 %

Nahrung:
Insekten

Winterruhe:
nicht erforderlich

Er wird auch Riesenlaubfrosch genannt und ist eine sehr beliebte Art. Findest Du ihn mit seinen großen Augen und den nach oben gezogenen Mundwinkeln nicht auch gleich sympathisch? Je nach Stimmung ist die Farbe der Frösche hellgrün oder -braun. Unter den Fingern und Zehen haben sie große Haftscheiben, mit denen können sie sich selbst an glatten Flächen sehr gut festhalten. Männchen und Weibchen können laut quaken.

Untereinander vertragen sich die Frösche gut, wenn sie nicht zu unterschiedlich groß sind. Wenn sie Dich gut kennen, nehmen sie am Tag auch Nahrung aus der Hand. Der Wasserteil im Terrarium sollte ein Drittel der Bodenfläche ausmachen und kann bis zu 20 cm tief sein. Den Landteil kannst Du schön mit Kletterästen und mit großblättrigen Pflanzen dekorieren. Die Frösche müssen vor zu starker Sonneneinstrahlung und Zugluft geschützt werden.

Foto: H. Blessin

Goldbaumsteiger

Dendrobates auratus

Goldbaumsteiger gehören zur Familie der Pfeilgiftfrösche. Indianer haben die Hautgifte bestimmter Arten für die Pfeile ihrer Blasrohre benutzt. Aber, keine Angst, ohne die giftigen Ameisen, die sie in ihrer Heimat fressen, sind die Frösche im Terrarium ungiftig. Der Name kommt von goldbraunen Fröschen, die auf einer Insel vor Panama leben. In anderen Gebieten haben sie blaue, braune oder fast weiße Muster. Bei uns sind die meisten grün-schwarz gefärbt. Die Laute der Männchen sind übrigens ganz leise, man kann sie leicht überhören.

In ihrer Heimat bewohnen sie Sträucher und Stauden in Bodennähe, und man findet sie oft unter Blätterhaufen. Im Terrarium kannst Du den Bodengrund mit Rindenstücken, Moos und Blättern abdecken. Als Einrichtung ist eine Kletterwurzel, eine Trinkschale, eine halbe Kokosnussschale oder ein umgedrehter Blumentopf mit einem kleinen herausgebrochenen Einstiegsloch geeignet. Das Terrarium solltest Du nur schwach beleuchten und kannst es schön mit Ficuspflanzen und Bromelien dekorieren. Ein Fünftel der Fläche sollte mit einem Wasserteil gestaltet werden, stattdessen kannst Du aber auch eine große, sechs Zentimeter hohe Schale aufstellen.

Herkunft:
Nicaragua bis Panama

Größe:
3-6 cm je nach Herkunftsort

Terrarientyp:
Regenwaldterrarium

Terrariengröße:
(B x T x H)
50 x 40 x 80 cm

Vorwiegende Aktivität:
tagaktiv

Zusammensetzung:
1,1 / 1,X

Temperatur:
T: 24-26 °C, N: 20-22 °C

Luftfeuchtigkeit:
T: 80 %, N: 90-100 %

Nahrung:
Frucht- und Stubenfliegen, Mikroheimchen

Winterruhe:
nicht erforderlich

Fotos: U. Dost

Krallenfrosch

Xenopus laevis

Herkunft:
Südwestafrika

Größe:
M: bis 7,
W: bis 11 cm

Terrarientyp:
Aquaterrarium,
Aquarium

Wasserteilgröße:
(B x T x H)
60 x 30 x 20 cm

Vorwiegende Aktivität:
tagaktiv

Zusammensetzung:
X,X

Temperatur:
T: 20-28 °C, ideal 22 °C

Nahrung:
Krebstiere, Mückenlarven, Frostfutter

Winterruhe:
nicht erforderlich

Krallenfrösche leben ausschließlich im Wasser und tauchen nur auf, um Luft zu holen. Statt im Aquarium werden sie auch oft im Wasserteil des Aquaterrariums gehalten. Auf dem Landteil kann man dann eine andere Tierart pflegen, zum Beispiel den Australischen Korallenfinger-Laubfrosch (S. 36). Der Rücken des Krallenfroschs ist bräunlich marmoriert, die Unterseite weißlich und es gibt auch Albinoformen.

Er hat keine Zunge, sein Futter muss er entweder mit dem Maul packen oder mit seinen langen Krallen hinein stecken. Größere Futterstücke werden mit den Krallen zerrissen. Vielleicht kommt daher der Spitzname Wasseraffe.

Das Aquarium oder Aquaterrarium braucht einen Deckel, damit er nicht rausklettert und vertrocknet. Nach der Eingewöhnung nimmt er auch Fischstückchen von der Pinzette oder aus der Hand. Die angegebene Größe des Wasserteils reicht für ein Paar. Pro Tier rechnet man 15 bis 20 Liter Wasser. Gleichgroße Frösche harmonieren als Gruppe.

Tipp
Alternativ ist der nur vier Zentimeter große Zwergkrallenfrosch (*Hymenochirus boettgeri*) zu empfehlen.

Fotos: U. Dost

Fotos: M. Wagemann

Insekten

Insekten sind die Tierklasse mit den meisten Arten, vermutlich gibt es über eine Million verschiedene. Wenn Du genau hinschaust, erkennst Du ganz leicht, was sie alle gemeinsam haben. Ihr Körper besteht aus drei Abschnitten, dem Kopf, dem Brustkorb und dem Hinterleib. Am Kopf befinden sich feine Antennen. Am Brustkorb unten sitzen sechs Beine, oben bei manchen noch zwei Flügel. Die meisten Insekten legen Eier. Bei vielen sehen die Jungtiere anders als die Eltern aus und man nennt sie Larven. Nach einigen Häutungen verpuppen sie sich. Aus der Puppe schlüpft dann das fertige Insekt. Die meisten Arten können in kleinen Terrarien gehalten werden, die nicht viel Platz benötigen.

Zwischen diesen Blättern kann man das „Wandelnde Blatt" nur schwer erkennen.

Australische Stabheuschrecke

Extatosoma tiaratum

Fotos: T. Adam

Herkunft:
Westaustralien

Größe:
M: 9 cm,
W: 14 cm

Terrarientyp:
Waldterrarium

Terrariengröße:
(BxTxH)
40x30x40 cm

Vorwiegende Aktivität:
Nacht

Zusammensetzung:
X,X

Temperatur:
T: 20-25 °C, N: 18-20 °C

Luftfeuchtigkeit:
T: 50-60 %, N: 60-70 %

Nahrung:
Bätter von Zweigen

Winterruhe:
nicht erforderlich

Dieses Insekt gehört zu den Gespenstschrecken. Sieht sie nicht auch ein wenig gespenstisch aus? Und ist es nicht seltsam, dass sich Weibchen ohne Männchen alleine vermehren können? Ihre Eier müssen nicht befruchtet werden, und es entstehen daraus fast immer nur Weibchen. So kann ein Zeitraum überbrückt werden, in dem keine oder nur wenige Männchen zur Verfügung stehen.

Der Körper ist gelb bis bräunlich oder grün. Die Weibchen haben Stummelflügel. Bei den Männchen bedecken die Flügel den Hinterleib.

Im Terrarium sind sie anspruchslos, sie brauchen nur gute Durchlüftung. Der Terrariendeckel sollte also idealerweise aus feinem Drahtgeflecht bestehen. Als Rückwand eignet sich grobe Korkrinde gut. Zum Klettern dienen in ein schweres Gefäß gestellte Futterzweige. Du kannst Zweige von Brombeere, Himbeere, Johannisbeere, Rosen, Weißdorn, Eichen, Buchen oder Rhododendron nehmen. Das Bodensubstrat aus Quellhumus wird leicht feucht gehalten, aber nicht nass, da sonst ihre Kotballen schnell schimmeln. In der angegebenen Terrariengröße kannst Du bis zu sechs Exemplare halten.

Weibchen (links) der Stabheuschrecke tragen Dornen auf dem Körper. Männchen (rechts) sind ein Drittel kleiner und schlanker.

Brauner Rosenkäfer
Eudicella euthalia bertherandi

Fotos: Pet Factory

Herkunft:
Zentral- und Westafrika

Größe:
2,5-4,0 cm, W: kleiner

Terrarientyp:
Waldterrarium

Terrariengröße:
(B x T x H)
40 x 40 x 40 cm

Vorwiegende Aktivität:
Tag

Zusammensetzung:
X,X

Temperatur:
T: 25 °C, N: 18 °C

Luftfeuchtigkeit:
T: 60-70 %, N: 80 %

Nahrung:
Larven:
Terrariensubstrat,
Käfer: Obst, Beetle Jelly

Winterruhe:
nicht erforderlich

Tipp
Zur Nahrungssicherung im Winter kannst Du Eicheln säen, oder Du verfütterst immergrüne Buscheiche (*Quercus ilicifolia*).

Diese schönen Käfer haben grünliche Halsschilde. Die Deckelflügel sind gelb- bis ockerfarben. Die Beine sind im vorderen Teil rotbraun und schwarz im hinteren. Männliche Tiere erkennst Du am Horn auf dem Kopf. Dies ist gegabelt und hat die Form eines Y. Die Weibchen legen bis zu siebzig Eier. Die Larven durchlaufen drei Stadien der Häutung, was fünf bis sechs Monate dauert und vom Futterangebot und der Temperatur abhängt.

Die Larven ernähren sich von Blättern, modrigem Holz und Waldhumus. In einem Kokon entwickeln sie sich zum fertigen Käfer, was bis zu zwei Monaten dauert. Zum Klettern und Knabbern stellst Du Brombeerzweige ins Terrarium. Gerne fressen sie Mango- und Bananenstückchen sowie Beetle-Jelly-Fertigfutter. Leider leben die Käfer nur etwa drei Monate. Um eine Haltungsgruppe aufzubauen, kaufst Du ein Dutzend Larven oder zwei Paare Käfer.

Gottesanbeterin
Sphodromantis lineola

Gottesanbeterinnen besitzen zu Fangarmen umgewandelte Vorderbeine. Es sieht aus, als ob sie diese zum Beten aneinanderlegen würden. Deshalb haben sie ihren Namen bekommen. Es ist spannend, Gottesanbeterinnen bei der Jagd zu beobachten. Sie benötigen für ihre Sitz- und Hängeplätze eine dichte Bepflanzung. Besonders geeignet sind sich nach oben verzweigende Kletteräste. Dort legen sie sich auf die Lauer und ergreifen Grillen, Heimchen, Heuschrecken oder Schaben blitzschnell. Das Terrarium braucht zur guten Belüftung eine Drahtgaze als Deckel. So kann sich die Art problemloser häuten. Wollt Ihr ein Pärchen halten, dann muss das Terrarium zehn Zentimeter höher und breiter sein und es muss gut gefüttert werden. Dennoch – und besonders bei und nach der Paarung – werden die Männchen oft von den Weibchen gefressen. Etwa vier Wochen nach der Paarung legt das Weibchen ein schaumiges Gebilde ab, aus dem nach fünf bis sechs Wochen kannibalische Larven schlüpfen, die man getrennt aufzieht.

Herkunft:
West- bis Ostafrika

Größe:
M: bis 7 cm,
W: bis 8 cm

Terrarientyp:
Waldterrarium

Terrariengröße:
(B x T x H)
20 x 20 x 25 cm

Vorwiegende Aktivität:
Tag

Zusammensetzung:
1,0 / 0,1 / 1,1

Temperatur:
T: 25-30 °C N: 18-20 °C

Luftfeuchtigkeit:
T: 70 %, N: 80 %

Nahrung:
Insekten

Winterruhe:
nicht erforderlich

Fotos: T. Adam

Wandelndes Blatt

Phyllium westwoodii

Fotos: M. Wagemann

Herkunft:
Indochina, China, Indonesien

Größe:
M: bis 7 cm,
W: bis 9 cm

Terrarientyp:
Waldterrarium

Terrariengröße:
(B x T x H)
30 x 40 x 40 cm

Vorwiegende Aktivität:
Nacht

Zusammensetzung:
X,X

Temperatur:
T: 22-27 °C, N: 18-20 °C

Luftfeuchtigkeit:
T: 60-70 %, N: 70-80 %

Nahrung:
Blätter von Zweigen

Winterruhe:
nicht erforderlich

Das Wandelnde Blatt ist ein Meister der Tarnung. Schaukelnd bewegen sich die Insekten fort und pendeln bei Gefahr wie ein Blatt im Wind hin und her. Sie sind nachtaktiv und verharren tagsüber oft regungslos. Die grüne, gelbe oder rote Körperfarbe hängt von der Luftfeuchtigkeit der frühen Entwicklungsphase ab. Die Weibchen haben Hinterflügel, die aber zum Fliegen nicht geeignet sind. Die Männchen dagegen sind mit ihren langen Hinterflügeln zu kurzen Flügen fähig. Ihr Körperbau ist schmaler und länger. Der Schlupf aus den Eiern dauert etwa vier Monate, die Entwicklung zum erwachsenen Tier ebenso. Die Männchen haben dann eine Lebenserwartung von drei, die Weibchen von sechs Monaten. Wie bei der Australischen Stabheuschrecke ist auch eine Vermehrung ohne Männchen möglich. Auch sie frisst Blätter von Brombeer-, Himbeer-, Johannisbeer-, Rosen-, Weißdorn-, Eichen-, Buchen- und Rhododendronzweigen, die in ein schweres Gefäß gestellt werden müssen.

Foto: O.Mengedoht

Krebstiere

Man schätzt, dass es mehrere Zehntausend Arten von Krebstieren gibt, die sich alle gut an ihre Lebensräume angepasst haben. Es gibt viele verschiedene Formen, die ganz unterschiedlich aussehen. Gemeinsam ist aber, dass alle als Larven mehrere Entwicklungsstadien durchlaufen. Vermehren kannst Du die Krebse im Terrarium daher nicht, dafür werden sie aber über zehn Jahre alt. Die Familie der Landkrabben und der Landeinsiedlerkrebse gehört zu den Zehnfußkrebsen. Sie leben nicht, wie viele andere Krebse, ausschließlich im Wasser. Aber sie benötigen Wasser, um sich darin zu entwickeln und zu leben. Du kannst sie in einem Aquaterrarium mit Landteil halten oder in einem Terrarium mit großer eingegrabener Badeschale.

Krebstiere sind inzwischen so beliebt, dass eine eigene Zeitschrift (**caridina**) über sie erscheint.

Harlekinkrabbe

Cardisoma armatum

Sie ist bunt wie ein Harlekin (wie man Clowns auch nennt), daher der Name: Die Beine sind rot, der Körper blau und die Scheren sind weißlich.

Mit der Zeit kannst Du ihr Vertrauen gewinnen. Sie erkennt an den Vibrationen von Schritten, ob sich jemand Vertrautes oder Fremdes nähert. Gut eingewöhnt lässt

Herkunft:
Westafrika

Größe:
12 cm, manchmal größer

Terrarientyp:
Aquaterrarium

Terrariengröße:
(B x T x H)
100 x 50 x 40 cm

Vorwiegende Aktivität:
Dämmerung und Nacht

Zusammensetzung:
1,0 / 0,1

Temperatur:
T: 24-28 °C, N: 16-20 °C

Luftfeuchtigkeit:
T: 70-80 %, N: 80-90 %

Nahrung:
Salat, Fischstücke, aufgetautes Frostfutter

Winterruhe:
nicht erforderlich

sie sich mit der Pinzette füttern oder mit einer nicht mehr benutzten Zahnbürste den Rücken kraulen. Im Wasserteil des Terrariums kannst Du auch Neons oder lebendgebärende Fische wie z.B. Guppys, Platys oder Mollys halten. Die Harlekinkrabben mögen aber eher flaches, knietiefes Wasser. Dort können sie besser mit den Augen herausschauen und jederzeit an der Oberfläche Luft holen. Auf dem Landteil brauchen sie Versteckmöglichkeiten. Neben Wurzeln, Steinen und Korkplatten eignen sich auch Eichen- und Buchenblätter, die von den Krabben übrigens besonders gern gefressen werden.

Fotos: O.Mengedoht

In der Nähe ihres Verstecks fühlt sich die Krabbe am wohlsten.

Tipp
Stromkabel müssen unerreichbar sein, die Krabben schälen oftmals Stromkabel, was sehr gefährlich ist. Für den Wasserteil kannst Du einen luftbetriebenen Aquarienfilter benutzen.

Landeinsiedlerkrebs
Coenobita sp.

Fotos: O.Mengedoht

Herkunft:
tropische Küsten weltweit

Größe: bis 4 cm

Terrarientyp:
Aquaterrarium

Terrariengröße:
(B x T x H)
40 x 40 x 30 cm

Vorwiegende Aktivität:
Dämmerung

Zusammensetzung:
1,0 / 0,1 / X,X

Temperatur:
T: 22-28 °C, N: 17-20 °C

Luftfeuchtigkeit:
T: 70-80 %, N: 80-90 %

Nahrung:
Salat, Gemüse, Obst, Fisch- und Fleischstücke

Winterruhe:
nicht erforderlich

Wie ein Einsiedler zieht sich der Krebs gerne zurück und zwar in ein verlassenes Schneckenhaus. Damit schützt er seinen weichen Körper. Wenn er wächst, wechselt er das Schneckenhaus, deshalb musst Du ihm verschieden große als Ersatz anbieten.

Das Terrarium muss eine ausbruchsichere Abdeckung haben. An einem hellen Standort braucht es nicht einmal Beleuchtu Bodengrund nimmst Du Flusssand oder feinen Kies, darin graben sich die Krebse auch gerne ein. Auf den Bodengrund stellst Du zwei Trinkschalen, so etwa zehn Zentimeter groß. Eine füllst Du mit Leitungswasser, die andere mit Meerwasser, das brauchen die Krebse für ihren Salzhaushalt. Dazu nimmst Du ganz einfach Meersalz aus der Zoofachhandlung und gibst zehn Gramm auf 300 Milliliter Leitungswasser. Eine Ecke im Terrarium sollte trocken bleiben.

Tipp
Leere Schneckenhäuser kannst Du selbst bemalen und nach dem Trocknen ins Aquarium legen. Mit etwas Glück ziehen die Krebse dort ein.

Welches Terrarium für Dein Wunschtier?

Trockenterrarium, Waldterrarium, Regenwaldterrarium und Aquaterrarium

In diesem Buch stelle ich Dir vier unterschiedliche Terrarientypen vor. Die einzelnen Tiere lassen sich nämlich nur in dem Terrarientyp halten, der ihrer natürlichen Umgebung entspricht.

Ein **Trockenterrarium** hat eine niedrige Luftfeuchtigkeit und meistens eine hohe Temperatur. Je nach Gestaltung nennt man es auch Savannen-, Steppen- oder Wüstenterrarium. Diese Terrarien sind breiter als hoch, da die Bewohner sich mehr auf dem Boden aufhalten.

Das **Waldterrarium** ist nicht so trocken wie ein Trockenterrarium, aber auch nicht so feucht wie ein Regenwaldterrarium. Je nach dem, welche Tiere darin gepflegt werden, wird es wärmer oder kühler betrieben.

Ein **Regenwaldterrarium** hat eine sehr hohe Luftfeuchtigkeit. Es ist eher hoch als breit und man kann es für die meist kletternden Tiere sehr schön bepflanzen.

Das **Aquaterrarium** hat einen Wasser- und einen Landteil. Je nach Tier kann man in Kombination damit auch Fische im Wasserteil einsetzen.

Tipp
Steinaufbauten durch Verkleben vor dem Umstürzen sichern. Behälter eingraben, in dem der gleiche Bodengrund etwas feuchter gehalten wird. Echte Pflanzen in Steintöpfen und entfernt von Wärmestrahlern einsetzen.

Trockenterrarium

Einrichtung

Bodengrund: feiner Kies, Sand, Lehm
Dekoration: Steine, Wurzeln, Kakteengerippe, Höhlen, kleine Wasserschale
Bepflanzung: stachellose echte Pflanzen wie Sukkulenten, Kunstpflanzen
Beleuchtung: zwölf Stunden helle Beleuchtung
Technik: Spot- und Wärmestrahler

Waldterrarium

Einrichtung

Bodengrund: Terrarienerde, Quellhumus
Dekoration: Steine, Wurzeln, Kork- und Rindenstücke, Höhlen, kleine Wasserschale
Bepflanzung: Farne, Efeu, Kunstpflanzen
Beleuchtung: abhängig vom Tier, von hell bis gedämpft
Technik: Vernebler, abhängig vom Tier kleine Spot- und Wärmestrahler

Tipp
Je nach Tier Kletteräste verwenden. Zum Verstecken Bodengrund mit Blättern und Moosen abdecken. Gegen Staunässe unter dem Substrat eine Drainageschicht aus Blähton einsetzen.

Tipp
Die Stärke der Kletteräste der Größe der Tiere anpassen. Terrarium üppig bepflanzen, die Beleuchtung wird dann automatisch oben hell und nach unten abnehmend. Gegen Staunässe unter dem Substrat eine Drainageschicht aus Blähton einsetzen.

Regenwaldterrarium

Einrichtung

Bodengrund:	Terrarienerde, Quellhumus
Dekoration:	Äste, Weinreben, Korktronchos, Wurzeln, Kork- und Rindenstücke, Höhlen, kleine Wasserschale
Bepflanzung:	Efeutute, Kletterfeige, Bromelien, Kunstpflanzen
Beleuchtung:	abhängig vom Tier von hell bis gedämpft
Technik:	Beregnungsanlage, abhängig vom Tier kleine Spot- und Wärmestrahler

Aquaterrarium

Einrichtung

Bodengrund: Torf, Kies, Blähton

Dekoration: wie ein Regenwaldterrarium mit zusätzlichem Wasserteil

Bepflanzung: Efeutute, Kletterfeige, Bromelien, Kunstpflanzen, Sumpf- oder Wasserpflanzen

Beleuchtung: abhängig vom Tier von hell bis gedämpft

Technik: Wasserfilter, abhängig vom Tier Beregnungsanlage, Spot- und Wärmestrahler

Tipp

Wasserteil mit einem Filter ausstatten und zusätzlich regelmäßig einen Teil des Wassers wechseln. Abhängig vom Tier, den Wasserausstieg durch Steine, Kork oder ins Wasser ragende Äste erleichtern. Durch Wärmestrahler trockenere Zone bieten, je nach dem welches Tier Du pflegst.

Aufstellen und einrichten

Fotos: O. Mengedoht

Wenn Du Dich für die Art des Terrariums und Dein Wunschtier entschieden hast, musst Du Dir überlegen, wo es sicher stehen und gut beobachtet werden kann. Wichtig ist, dass es nicht in der prallen Sonne steht. Erhitzt sich das Terrarium durch die Sonnenstrahlen zu sehr, wird es gefährlich für Deine Tiere. Neben der Tür oder im Durchgangsbereich ist auch kein guter Platz, weil es zu unruhig ist. Nah beim Terrarium brauchst Du eine Steckdose, denn je nach Terrarientyp müssen noch Licht, Heizung, Temperaturregler, Luftbefeuchter oder andere Technik angeschlossen werden. Vor dem Terrarium sollte noch so viel Platz sein, dass Du Pflegearbeiten gut ausführen kannst.

In kleinen Terrarien kann man klein bleibende Tiere halten, oder Jungtiere größer werdender Arten bis sie ein geräumigeres Terrarium brauchen.

Dein Terrarium muss hoch stehen, auf einem Unterschrank zum Beispiel. Die Tiere brechen nämlich in Panik aus, wenn man sich beim Beobachten von oben nähert. Unter das Terrarium kann eine spezielle Unterlage gelegt werden, das gleicht Spannungen in der Glasbodenplatte aus und wirkt wärmeisolierend. Das kann sich aber auch negativ auswirken, wenn Du eine Heizmatte oder ein Heizkabel benutzt, um den Boden zu erwärmen. Durch den H tzestau kann, je nach Bodengrund, die Glasscheibe nämlich erst recht reißen. Am besten beheizt Du Dein Terrarium ohnehin über Strahler, das kommt der Natur am nächsten, wo das wärmende Licht ja auch von oben kommt.

Aus Styropor, Montageschaum, Abtönfarbe und Epoxidharz wurde diese Rückwand selbst gebaut.

Rückwand

Warum braucht das Terrarium eine Rückwand. Weil es dekorativ aussieht? Weil Deine Tiere an dreidimensionalen Rückwänden gut klettern können? Weil Du Dekorationen wie Äste daran festmachen kannst, oder gar Pflanzen? Das ist alles richtig, aber es gibt noch einen ganz wichtigen Grund, falls Dein Terrarium frei im Raum steht. Die Rückwand verhindert, dass Deine Tiere sehen, wenn sich aus dieser Richtung etwas bewegt oder sich jemand nähert, was sie für eine Gefahr halten können. Mit einer Rückwand fühlen sie sich also sicherer und geborgen und sind dadurch weniger Stress ausgesetzt. Viele Terrarienbesitzer verkleiden sogar die Seitenscheiben.

Bei ausreichend Licht, Temperatur und Feuchtigkeit, ergrünen Xaxim-Baumfarnplatten von selbst.

Die einfachste Methode ist, die Terrarienscheibe von außen zu streichen. Du kannst Abtönfarben mit einer Rolle oder einem Pinsel auftragen. Das kann man später auch wieder mit einem Schaber oder Spachtel entfernen. Du kannst auch eine Fotorückwand anbringen, die es im Zoogeschäft gibt. Oder Du kannst Fotos aus dem Urlaub als Poster vergrößert an die Scheibe kleben.

Als Sichtschutz reicht dies alles aus. Besser noch sind aber Strukturrückwände, die innen im Terrarium angebracht werden. Das vergrößert die Kletterfläche für Deine Tiere. Im Zoofachgeschäft gibt es fertige Rückwände aus Kunstharz, aus Hartschaum, aus gepresstem Kork, aus gewalzter Korkrinde oder aus Kokosfasern. Man kann eine Rückwand aber auch selber bauen. Als Basis nimmt man Styropor oder das etwas festere Styrodur oder Montageschaum aus der Sprühdose. Damit kann man sogar Pflanzschalen, Äste, Wurzelstücke, Kork- und Rindenstücke einarbeiten. Anschließend wird die Oberfläche mit Epoxydharz, Moltofil oder Fertigbeton überzogen, gestrichen und mit Polyesterharz oder Klarlack versiegelt. Manche der Materialien stinken und man muss sie erst einige Tage lüften lassen, bis man nichts mehr riecht.

Foto: © djama - Fotolia.com

Bodengrund

Auf der kalten und rutschigen Glasplatte des Terrariums fühlen sich Deine Tiere natürlich nicht wohl, sie brauchen einen Bodengrund. Aber es spricht noch viel mehr dafür. Manche Tiere graben gerne und im Bodengrund können sie sich Höhlen und Tunnel bauen. Viele Weibchen vergraben ihre Eier im Boden und werden krank, wenn die Möglichkeit fehlt. Du kannst Pflanzen oder Pflanztöpfe in den Bodengrund stecken, Kot und Futterreste können besser entfernt werden und manche Bodengründe speichern Feuchtigkeit, sodass die Luft im Terrarium nicht zu trocken wird.

Es gibt viele verschiedene Sorten von Bodengründen. Für trockene Terrarien nimmt man Sand oder feinen Kies. Wichtig ist, nur sogenanntes Rundkorn zu verwenden, wie es in der Natur durch Wind und Wasser entstanden ist. Gebrochenes Korn wie Quarzsand ist zu scharfkantig, es kann sich unter den Hautschuppen oder im Auge festsetzen und zu Entzündungen führen.

Tipp
Trockene Terrarien müssen auch immer eine feuchte Ecke haben und umgekehrt. Dorthin können sich Deine Tiere dann bei Bedarf zurückziehen.

Bartagamen sollte man auf grabfähigem Bodengrund wie Sand mit Lehmanteil halten.

Foto M. Reichert

1

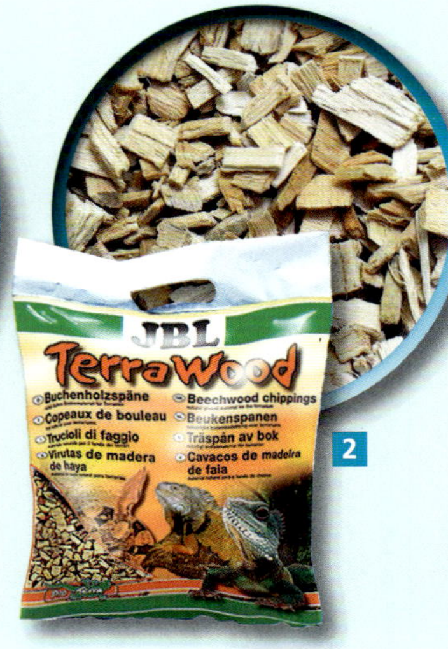

2

3

Fotos: JBL

1 Grabende Tiere in (halb)feuchten Terrarien brauchen lockeren Bodengrund.

2 Für (halb)trockene Terrarien sind Buchenholzspäne sehr beliebt.

3 Für (halb)feuchte Terrarien brauchst Du ein feuchtigkeitsspendendes Substrat.

4 Sand als Rundkorn ist perfekt. Scharfkantiger Quarzsand könnte die Tiere wundscheuern.

Für grabende Tiere musst Du Lehm beimischen, damit ihnen beim Graben nicht alles gleich zusammenstürzt. Anstelle von Lehm kannst Du auch an der Luft getrockneten Ton zu feinem Pulver verreiben und dem Sand untermischen. Nur nicht zu viel, da der Boden nach dem ersten Befeuchten beim Trocknen sonst steinhart wird.

Für halbfeuchte Terrarien eignen sich Rindensubstrate wie Pinienrinde oder Douglasienrinde. Auch Terrarienerde oder Quellhumus werden gerne verwendet. Für feuchte Terrarien kann man diesen Bodengründen etwas mehr Wasser zugeben.

In beiden, halbfeuchten und feuchten Terrarien eignet sich Blähton als unterste Schicht, um Staunässe des Substrats zu verhindern. Zwischen die unterschiedlichen Substrate kannst Du eine Lage Aquarienfiltervlies legen, um ein Vermischen zu vermeiden. Den Boden kannst Du schön mit Moos oder Laub abdecken. Das sieht nicht nur natürlich aus, sondern dient kleinen Tieren auch als Versteck.

4

Leopardgeckos werden erst abends bzw. zur Dämmerung richtig munter.

Dekoration

Die Dekoration dient ebenfalls zum Verbergen von Technik oder Zubehör, viele Terrarientiere benutzen sie auch zum Klettern, zum Verstecken, als Sichtbarrieren, als Platz zum Sonnen oder für die Abgrenzung der Reviere. Bei Echsen und Schlangen dienen Dekorationsmaterialien auch als Häutungshilfen.

Bei der Aufstellung gibt es ein paar Dinge zu beachten: Stelle die Dekoration immer so auf, dass sie nicht umfallen kann, am besten also direkt auf die Bodenplatte des Terrariums, dann kann sie nicht untergraben werden. Steinaufbauten solltest Du sogar mit Silikon oder Zement verkleben. Äste müssen dem Gewicht und der Größe der Tiere entsprechen, die darauf klettern. Dekorationen sollten nicht beim Absammeln von Kot und Futterresten im Wege stehen. Und achte darauf, dass die Lüftungsgitter nicht ab- abgedeckt werden.

Foto: SXC

Schöne Wurzeln und Steine findest Du oft in der Aquaristikabteilung des Zoofachhändlers.

Als Hölzer eignen sich Tropen-, Savannen-, Mahagoni- und Moorkienholz. Tropische Harthölzer sind perfekt für feuchte Terrarien, da sie nicht schimmeln. In halbfeuchten und feuchten Terrarien kannst Du Lianen und Korktronchos schön einsetzen. Korkröhren bieten in feuchten und trockenen Terrarien Versteck- und Rückzugsmöglichkeiten. Auch Weinrebenwurzeln sind universal einsetzbar. In Geckoterrarien eignen sich Bambusröhren sehr gut. Für kleine Terrarientiere und Frösche kannst Du Kokosnussschalen benutzen.

Bei aus der Natur entnommenen Hölzern musst Du hingegen aufpassen, dass sie nicht modrig riechen. Gerade bei feuchten Terrarien ist das sehr unangenehm. Selbstverständlich müssen Äste und Wurzeln aus dem Wald frei von Parasiten sein. Recht gut halten sich im Terrarium Äste von Apfel-, Pflaumen- oder Birnbäumen. Damit sich Deine Tiere nicht verletzen oder einklemmen, sollten sich Äste nicht überkreuzen. Schnittstellen von Ästen solltest Du möglichst ohne Spalten an die Rückwand oder Terrarienscheibe stellen.

Aus Kunstharz nachgebildete Wurzeln, Äste und Höhlen kann man oft nicht von natürlicher Dekoration unterscheiden. Der Vorteil ist, dass sie Parasiten weniger Unterschlupf bieten und besser zu desinfizieren sind.

Künstliche Pflanzen haben im Terrarium nur dekorativen Zweck. Sie müssen nicht gegossen werden, sind nicht vom Licht abhängig, lassen sich gut reinigen und gehen nicht ein. Deinen Tieren ist es grundsätzlich egal, ob die Pflanzen echt oder künstlich sind.

Foto: HOBBY

Foto: HOBBY

Foto: JBL

Foto: JBL

Foto: HOBBY

Foto:HOBBY

Foto: JBL

Foto: JBL

1 Moos ist eine schöne Abdeckung für den Bodengrund in (halb)feuchten Terrarien.

2 In Korkröhren sollten die Tiere möglichst eng reinpassen, damit sie sich wohlfühlen.

3 Mopaniwurzeln schimmeln nicht und eignen sich besonders für halbfeuchte Terrarien.

4 Mangrovenwurzeln eignen sich für alle Terrarien.

5 Bambus wird aufrecht in Terrarien für Geckos oder Anolis aufgestellt.

6 Künstliche Pflanzen brauchen keine Pflege.

7 Dichte Rankpflanzen geben zusätzliche Versteckmöglichkeiten.

8 Kokosnusshöhlen schimmeln nicht und sind in allen Terrarien einsetzbar.

Fotos: O. Mengedoht

Pflanzen fürs Terrarium

Vielleicht fragst Du Dich, wozu man im Terrarium überhaupt Pflanzen braucht? Die Antwort ist ganz einfach, sie

- bieten Unterschlupf und Versteckmöglichkeiten,
- dienen der Revierabgrenzung,
- geben Sichtschutz,
- spenden Schatten,
- ermöglichen das Klettern,
- produzieren Sauerstoff,
- erhöhen die Luftfeuchtigkeit

Foto: D.Groebel

Für die Birkenfeige suchst Du einen hellen bis halbschattigen Platz im (halb)feuchten Terrarium.

Aus welcher Region die Pflanzen kommen, spielt keine Rolle. Sie müssen aber zum Terrarientyp passen und sie müssen ungiftig sein. Am besten nimmt man große Pflanzen für den hinteren Bereich des Terrariums und kleine für die vorderen Regionen. Für kletternde Tiere sind robuste Pflanzen mit harten Blättern praktisch, die auch das Gewicht der Tiere tragen. In kleinen Terrarien entwickeln sich Pflanzen mit kleinen Blättern besser. Natürlich haben Pflanzen auch Ansprüche. Sie brauchen regelmäßig Wasser und sie brauchen Licht. Bekommen sie zu wenig Licht, werden die Blätter gelb. Ist der Abstand zu den Strahlern zu gering, vertrocknen die Blätter.

Gekaufte Pflanzen sind oft mit Pflanzenschutzmitteln behandelt worden. Deshalb müssen sie für das Terrarium vorbereitet werden. Man braust sie zwei Wochen lang täglich mit Wasser ab, erst dann kann man sie in das Terrarium einsetzen. Pflanzen für den Boden stellst Du im Terrarium am besten in Töpfe, dann sind sie geschützt, falls Tiere graben. Und Du kannst die Pflanzen auch besser entnehmen, wenn sie mal Schädlinge bekommen. Bei deren Bekämpfung darfst Du natürlich keine chemischen Mittel nehmen. Es gibt verschiedene Gruppen von Pflanzen, die für das Terrarium geeignet sind:

Blattpflanzen

Arten wie der Baumfreund (*Philodendron*), den es in verschiedenen Größen gibt und die Birkenfeige (*Ficus benjamini*) benötigen halbschattige bis helle Standorte. Sie eignen sich gut in größeren Halbfeucht- und Feuchtterrarien.

Bromelien

Manche dieser Pflanzen wurzeln im Boden, andere siedeln sich

Zwischen Bromelienblättern legen Geckos besonders gerne ihre Eier ab.

Links:
Farne stellen keine hohen Ansprüche an die Beleuchtung.

Mitte:
Blüten der Epiphyten sind besondere Farbkleckse im Terrarium.

Rechts:
Kletterfeigen wachsen an halbschattigen Orten besonders gut.

auf Ästen an. In ihren rosettenförmigen Blatttrichtern sammelt sich Wasser, das gern von kleinen Pfeilgiftfröschen aufgesucht wird. Taggeckos legen zwischen den Blättern gerne ihre Eier ab. Bromelien werden an schattigen bis halbschattigen Standorten eingesetzt.

Farne

Bevorzugt wachsen sie in Wald- und Regenwaldterrarien an schattigen bis halbschattigen Plätzen. Sie benötigen eine hohe Luftfeuchtigkeit. Für unbeheizte Waldterrarien eignet sich der einheimische Tüpfelfarn (*Polypodium vulgare*).

Epiphyten

Diese, auch Aufsitzerpflanzen genannt, werden in Astgabeln angebracht. Oder auch in gebohrten Vertiefungen von Ästen. Dort müssen sie auf der Unterseite einen Abfluss haben, denn Staunässe vertragen sie nicht. Die Astlöcher werden mit Substrat wie Torfmoos, Kokosfasern und Lauberde befüllt, das mit Wurzel- und Aststückchen aufgelockert ist. Der Standort im Feuchtterrarium kann halbschattig bis hell sein.

Kletter- und Rankpflanzen

Diese fühlen sich an schattigen bis halbschattigen Standorten mit hoher Luftfeuchtigkeit in Wald- und Regenwaldterrarien wohl. Besonders gut gedeihen Kletterfeige (*Ficus pumila*) und Efeutute (*Epipremnum aureum*). Im unbeheizten Waldterrarium wächst auch einheimischer Efeu gut. In der Gärtnerei gekaufte, kultivierte Pflanzen entwickeln sich übrigens besser als aus dem Garten entnommene.

Foto: F. Hummel

Foto: O. Mengedoht

Links:
Es gibt viele unterschiedlich aussehende Sukkulenten. An idealen Standorten vermehren sie sich recht schnell.

Rechts:
Tillandsien brauchen keinen Bodengrund. Du kannst mittlere und obere Bereiche des Terrariums damit dekorieren.

Sukkulenten

Das sind Pflanzen mit überwiegend stachellosen, dickfleischigen Blättern, in denen sie Wasser speichern. Sukkulenten brauchen viel Frischluft und einen hellen Standort. Für das Trockenterrarium eignen sich besonders gut Blattsukkulenten (*Echeveria*) und Liliengewächse (*Haworthia* und *Aloe*).

Tillandsien

Man bindet sie mit Nylonfäden, Streifen alter Nylonstrumpfhosen oder Draht direkt am Ast oder Stamm fest. Die Drahtenden müssen gut weggebogen werden, damit sich die Tiere nicht verletzen können. Tillandsien mögen es, wenn die Luftfeuchtigkeit nachts höher ist als tagsüber. Im Feuchtterrarium bekommen sie einen hellen bis sonnigen Standort.

Wasserpflanzen

Für das Aquaterarium sind robuste Arten wie Javafarn und *Anubias* sowie wenig lichtbedürftige Arten wie *Cryptocoryne* das Richtige. Auch der schwimmende Farn (*Salvinia auriculata*) wirkt ausgesprochen dekorativ. In kalkarmem, leicht saurem Wasser entwickelt sich das schwimmende Sternlebermoos (*Riccia fluitans*) sehr gut. Bei Aquaterrarien mit Pflanzen fressenden Terrarientieren wie Wasser- und Sumpfschildkröten sollte man auf die Bepflanzung des Wasserteils verzichten.

Foto: B. Wallach

Der Kleinohrige Schwimmfarn hat einen lustigen Namen und sieht auf der Wasseroberfläche sehr schön aus.

Welche Technik muss sein?

Leuchtmittel

Das künstliche Licht im Terrarium sollte dem natürlichen Licht der Sonne so ähnlich wie möglich sein. Tiere in eher feuchten Terrarien werden gedämpft beleuchtet. Tiere in eher trockenen Terrarien mit hellerem Licht. Werden Lampen verwendet, die sehr heiß werden, müssen kletternde Tiere geschützt werden, damit sie sich nicht verbrennen. Der Handel bietet dafür Schutzkörbe an.

Bei Tieren, die nur den Boden bewohnen, braucht man das natürlich nicht. Es gibt Tiere, die mehr Licht und Wärme brauchen, zum Beispiel diejenigen, die aus Wüstengebieten kommen. Sie brauchen zusätzlich zur allgemeinen Beleuchtung noch Spotstrahler. Damit das Licht ähnlich wie in der Natur ist, schaltest Du die Beleuchtung morgens ein und abends aus. Oder Du verwendest eine praktische Zeitschaltuhr.

Die von Spotlampen beleuchteten Flächen nutzen Wüstenbewohner gerne zum Sonnenbaden.

Leuchtstoffröhren

Viele Terrarien haben als Grundbeleuchtung bereits Leuchtstoffröhren eingebaut. Diese haben eine gute Lichtabgabe, eine lange Lebensdauer und einen geringen Stromverbrauch. Sie geben keine Wärme ab und sind daher für bepflanzte Terrarien bis 70 Zentimeter Höhe gut zu gebrauchen.

Energiesparlampen ohne UV-Anteil

Einige Terrarientiere, wie z.B. Spinnen und Frösche, benötigen kein UV-Licht. Hier eignen sich Energiesparlampen sehr gut, die den Pflanzen ein sonnenlichtähnliches Spektrum bieten.

Reflektorstrahler

Innen silberfarbene Reflektorstrahler benutzt man zur Ergänzung der Beleuchtung. Es gibt zum Beispiel Neodymiumstrahler (Neodymium ist ein besonderes Gas im Lampeninneren), die die Farben

Fotos: JBL

von Tieren und Pflanzen verstärken. Sie strahlen das Licht in einem breiten Winkel aus.

Im Unterschied dazu gibt es Thermostrahler, die in einem sehr schmalen Winkel strahlen. Darunter wird es sehr warm und die Terrarientiere können diesen Bereich gezielt aufsuchen.

Halogenstrahler

Als Alternative zu den Reflektoren findet man im Zoofachgeschäft Halogenstrahler. Auch diese gibt es mit breitem (Flood) und schmalem (Spot) Abstrahlwinkel. Sie geben mehr Licht und Wärme ab und halten länger als Reflektorstrahler.

UV-B-Strahler

Wenn Du Echsen oder Schildkröten halten willst, brauchst Du ergänzende Strahler. Das sind sogenannte UV-B-Strahler, eben weil sie UV-B-Licht abgeben. Nur wenn die Tiere damit bestrahlt werden, bilden sie in ihrer Haut Vitamin-D_3. Ist es im Körper vorhanden, kann gefressenes Kalzium zum Wachstum verwendet werden. Fehlt es, wird Kalzium aus den Knochen oder dem Panzer entzogen. Dadurch bekommen Echsen weiche Knochen und Schildkröten weiche Panzer und verkrüppeln dann im weiteren Wachstum. Die Krankheit nennt man Rachitis und sie lässt sich nicht mehr rückgängig machen.

Du musst also nicht nur Kalzium anbieten. Das kann verkleinerter Sepiaschulp (ein Naturprodukt) oder ein mineralisches Futterergänzungsmittel aus dem Zoofachgeschäft sein. In der Kombination mit der UV-B-Bestrahlung bleiben Deine Tiere gesund. Es gibt drei verschiedene Typen von UV-B-Strahlern, die je nach Terrariengröße und Bedarf der Tiere eingesetzt werden:

Halogenmetalldampf-Lampen sind sehr groß und werden auch Mischlichtlampen genannt. Man setzt sie in große Terrarien ein oder hängt sie außen darüber. Dann muss aber die Abdeckung aus Lochblech oder Drahtgaze bestehen, denn Glas filtert UV-B aus.

Hochduckentladungslampen (HID) eigenen sich für kleine Terrarien. Es gibt sie in 35, 50 und 70 Watt. „Flood“ haben einen breiten, "Spot" einen schmalen Abstrahlungswinkel.

Fotos: JBL

UVB-Energiesparlampen geben wenig UV-B ab. Sie eignen sich nur für niedrige Terrarien oder wenn in hohen Terrarien die Sonnenplätze weniger als 20 Zentimeter von der Lampe entfernt sind.

Foto: HOBBY

Wärme

In der Natur entsteht Wärme durch Licht von oben. Entsprechend sollte das auch im Terrarium sein. Heizkabel und Heizmatten im Bodengrund entsprechen dem nicht, denn wenn Tiere graben, um Abkühlung zu finden, sollte das Substrat nicht umso wärmer werden, je tiefer sie graben. Einige Terrarianer arbeiten daher Heizkabel und -matten in die Rück- oder Seitenwandgestaltung des Terrariums ein.

Die Wärme aus Deiner Beleuchtung kannst Du mit einem Thermometer messen. Die Temperatur kann durch Strahler mit höherer Wattzahl gesteigert werden. Reicht die Temperatur über die Lichtstrahler nicht aus, gibt es spezielle Wärmestrahler für die Terraristik. Das sind einmal Infrarotstrahler, die Du zwischen 50 und 150 Watt bekommst , sie geben ein schwaches rotes Licht ab. Durch das rote Glas werden infrarote Wellen übertragen, die vom speziellen Leuchtdraht in der Birne produziert werden. Bei der Marke Exoterra wird angegeben, dass ihre Infrarotlampen, in jeweils 30 cm Entfernung, 50 Watt auf 23 °C, 75 Watt auf 27 °C, 100 Watt auf 32 °C und 150 Watt auf 52 °C erwärmen.

Dann gibt es noch keramische Dunkelstrahler, z.B. von der Marke Elstein. Die Bezeichnung Dunkelstrahler kommt daher, dass die Lampen kein Licht abgeben, hier wird die Wärme durch elektromagnetische Wellen übertragen. Der Wellenbereich ist für das menschliche Auge nicht sichtbar. Die kleine Elstein Bauform (IOT75) gibt es in 60 und 100 Watt, die große Bauform (IOT95) in 150 und 250 Watt. Im Vergleich mit Infrarotstrahlern aus Glas haben Dunkelstrahler aus Keramik einige Vorteile. Sie haben eine längere Lebensdauer, sind unempfindlich gegen Spritzwasser und sind so gebaut, dass sie nicht platzen können.

Fotos: JBL

Sogenannte Dunkelstrahler geben nur Wärme, aber kein Licht ab.

Wärmeregulierung

Die Temperatur kannst Du mit einem Thermometer kontrollieren. Für die Regelung gibt es Steuergeräte, die die Temperatur elektronisch messen. Ist es zu heiß, schalten sie die Wärmequellen aus, ist es zu kalt, schaltet diese sich ein. Für die Haltung von Terrarientieren wurden spezielle Steuergeräte entwickelt, die tiefere Temperaturen in der Nacht berücksichtigen. Die Absenkung ist eingestellt oder lässt sich individuell programmieren. Neben der Regulierung schützen die Geräte auch vor Überhitzung bei defekten Heizgeräten.

Foto: JBL

Schutzkörbe aus wärmebeständigem Kunststoff erhitzen sich nicht so sehr wie Modelle aus Metall.

Befeuchtung

In Wohnräumen liegt die relative Luftfeuchtigkeit bei ungefähr 50 Prozent. Hast Du Tiere, die mehr Luftfeuchtigkeit benötigen, musst Du sie also erhöhen. Dazu gibt es verschiedene Möglichkeiten: Am einfachsten geht das mit einer Sprühflasche. Jeden Morgen frisch mit warmem Wasser befüllt, ist das Terrarium damit leicht zu befeuchten. Je nach Terrariengröße reicht bei Wald- und Regenwaldterrarien aber vielleicht schon ein beheizter Wasserteil, ein Springbrunnen oder ein Wasserfall.

Links:
Die Größe der Lampe muss zur Größe des Terrariums passen.

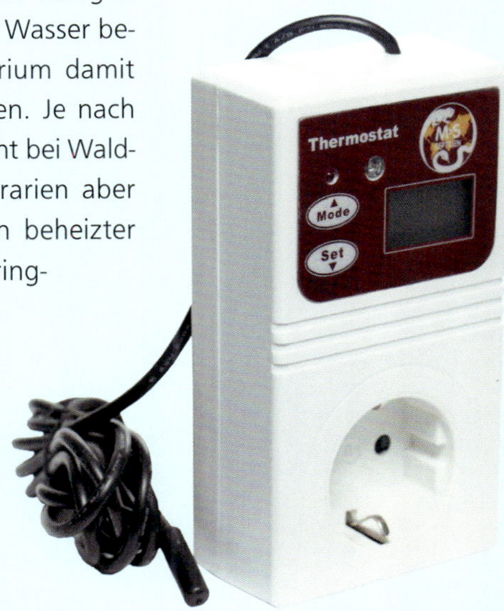

Foto: M&S Reptilien

Temperaturregler regeln nicht nur die Temperatur, sondern schützen vor ungewollter Überhitzung.

Foto: JBL

> **Tipp**
> Für das Wasser in Benebelungs- und Beregnungsanlagen empfehle ich sogenannte Wasserentkeimer zu verwenden. Sie werden tropfenweise angewandt und sind bei Händlern für Campingzubehör zu bekommen.

JBL liefert zu seinem Mini-Ultraschallvernebler gleich ein dekoratives Gehäuse mit.

In kleinen Terrarien kannst Du auch Mini-Ultraschallvernebler aus dem Zoofachgeschäft einsetzen. Sie vernebeln pro Stunde etwa 100 bis 200 Milliliter Wasser und können mit einer Zeitschaltuhr gesteuert werden. Für größere Wald- und Regenwaldterrarien kannst Du Raumluftbefeuchter oder größere Ultraschallvernebler verwenden. Für große Regenwaldterrarien empfehle ich Dir eine Beregnungsanlage.

Schöne Wasserfälle erhöhen die Luftfeuchtigkeit automatisch und sehen sehr dekorativ aus.

Foto: Exoterra

Feuchtigkeitsregulierung

Mit einem Hygrometer kannst Du die Luftfeuchtigkeit im Terrarium messen. Wenn Du nicht täglich mit der Flasche sprühen möchtest, brauchst Du eine automatische Besprühung. Mit einer einfachen Zeitschaltuhr sprüht diese dann in den Intervallen, die Du eingestellt hast.

Statt einer zeitgesteuerten ist eine bedarfsgesteuerte Befeuchtung noch besser. Auch dazu gibt es Steuergeräte, die mit Fühlern messen, wie feucht es im Terrarium ist. Bei weniger Feuchtigkeit als Du programmiert hast, aktivieren sie die angeschlossene Benebelungs- oder Beregnungsanlage. Es gibt Geräte mit einer zweiten Steckdose, damit kann man gleichzeitig auch noch die Temperatur oder das Licht im Terrarium steuern.

Einlaufphase

Jetzt hast Du viel über Technik gelernt. Bevor Du aber Dein Terrarientier kaufst und es ins Terrarium setzt, muss dieses fertig eingerichtet sein und funktionieren. Du gehst also Schritt für Schritt vor. Zuerst klebst Du eine Rückwand ein oder eine Fotofolie außen auf die Scheibe.

Dann richtest Du das Terrarium ein, das heißt, Du befüllst es zunächst mit Bodengrund und dekorierst es anschließend. Danach schraubst Du die Beleuchtung ein und kontrollierst die Temperatur mit einem Thermometer. Eventuell musst Du Spot- oder Wärmestrahler ergänzen. Für feuchte Terrarien kannst Du kleine oder große Nebler oder eine Beregnungsanlage einbauen. Dabei sollte Dir vielleicht jemand helfen. Die Feuchtigkeit kontrollierst Du mit einem Hygrometer. Über einige Tage solltest Du das Terrarium zuerst leer betreiben. So ist sicher, dass Temperatur, Feuchtigkeit und Beleuchtung auch funktionieren, wenn später Deine Tiere einziehen.

Foto: Namiba Terra

Das Tropical Rainsystem hat flexible Sprühdüsen, die Du in alle Richtungen biegen kannst.

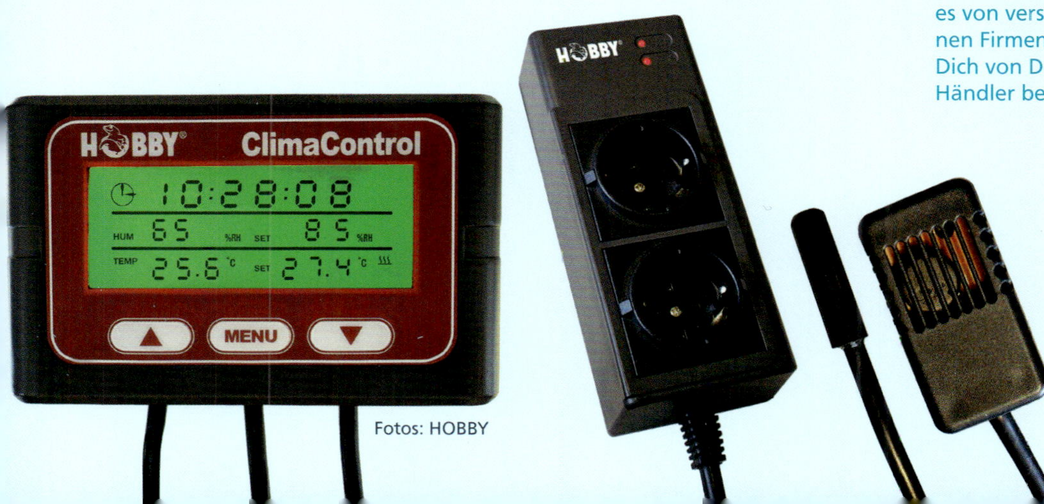

Fotos: HOBBY

Steuergeräte gibt es von verschiedenen Firmen, lass Dich von Deinem Händler beraten.

Perfekt einrichten

in 6 Schritten

1 Eine Rückwand wird innen oder außen angebracht (s.S. 55).

2 Der Bodengrund wird im Terrarium verteilt, tief genug zur Eiablage (s.S. 57).

3 Dekoration, Wurzeln, Steine, Pflanzen und eine Trinkschale kommen ins Terrarium (s.S. 59).

4 Beleuchtung wird eingeschraubt, Temperatur kontrolliert (s.S. 67).

5 Wo notwendig werden Befeuchtungsanlagen und Hygrometer angebracht (s.S.71).

6 Mehrere Tage werden Feuchtigkeit und Temperatur kontrolliert, ehe die Tiere einziehen (s.S. 73).

Hilfreiches Zubehör

Thermometer

Um zu sehen, ob Dein Terrarium die richtige Wärme für Deine Tiere hat, brauchst Du ein analoges oder digitales Thermometer, das innen im Terrarium angebracht wird.

Hygrometer

Damit Du weißt, ob Dein Terrarium auch die richtige Luftfeuchtigkeit für Deine Tiere hat, brauchst Du ein analoges oder digitales Hygrometer. Das funktioniert ähnlich wie ein Thermometer und wird auch innen im Terrarium angebracht.

Trinkschale

Terrarientiere, die aus Schälchen trinken, brauchen eine ausreichend große Trinkschale, in die täglich frisches Wasser gefüllt wird.

Foto: U. Dost

Fütterungs-Pinzette

Wenn Du Deinen Tieren Lebendfutter gibst, ist eine Pinzette hilfreich, um die Insekten ins Terrarum zu setzen.

Reinigungs-Pinzette

Um Kot und Nahrungsreste aus dem Terrarium zu entfernen, brauchst Du eine zweite Pinzette. Dafür nicht die Fütterungs-Pinzette nehmen!

Reinigungsspray

Im Zoohandel gibt es tierverträgliche Desinfektionsflüssigkeit, um Terrariendekoration und Pinzetten zu reinigen.

Scheibenentkalker

Ist das Wasser, mit dem Du das Terrarium besprühst oder das Du für die Vernebelungs- oder Beregnungsanlage verwendest, kalkhaltig, hinterlässt das mit der Zeit Spuren auf den Terrarienscheiben. Spezielle Entkalker machen sie wieder klar, ohne dass die Tiere Schaden nehmen.

Fotos: HOBBY

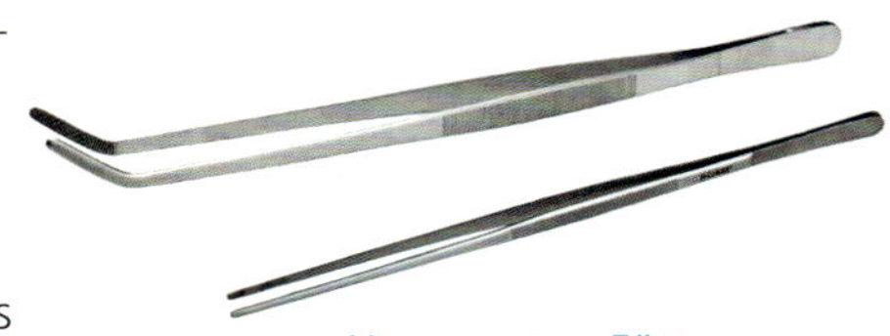

Hygrometer, Fütterungs- und Reinigungs-Pinzette.

Reinigungsspray und Reinigungstuch.

Fotos: JBL

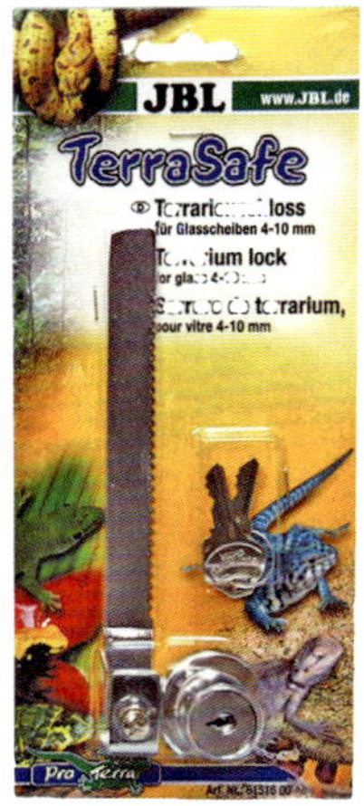

Fotos: JBL

Terrarien-Unterschrank

Am besten beobachten kannst Du Deine Tiere, wenn das Terrarium in Augenhöhe auf einem Unterschrank steht. Es reicht aber auch ein Fach in einer Schrankwand, ein Regal oder ein stabiler Tisch.

Fotos: Exo Terra

Terrarienschloss

Damit Dein Tier sicher in seinem Zuhause bleibt, solltest Du die Scheiben immer mit einem speziellen Schloss verriegeln.

Terra-Box

Solche Boxen sind hilfreich, wenn Dein Tier zum Arzt muss, falls sich ein Pärchen wider Erwarten nicht verträgt und ein Tier ausquartiert werden muss. Außerdem eignen sich Terra-Boxen auch, um Insekten darin zu halten und erst einmal gut anzufüttern, damit sie auch Deine Tiere gut ernähren.

Fotos: HOBBY

Die Zwergbart-agame wird in ihr neues Zuhause gesetzt.

Foto: C. Seidel

Die Tiere ziehen ein

Augen auf beim Kauf

Endlich ist es soweit und das Terrarium ist eingerichtet, die Temperatur und Feuchtigkeit stimmen, jetzt kannst Du Deine Wunschtiere einkaufen.

Egal welche Tiere Du kaufst, schau sie Dir vorher gut an und achte auf diese Hinweise.

Beim Händler

- sollten die Terrarien sauber und gepflegt sein,
- Temperatur und Luftfeuchtigkeit den Haltungsempfehlungen entsprechen,
- sich keine kranken Tiere im Terrarium befinden,
- Tiere bei der Fütterung mit Appetit fressen,
- in Deutschland nachgezüchtete Tiere gegenüber Wildfängen bevorzugt werden.

Foto: Y. & T. Klesius

Bei allen Reptilien

- sollten Rippen, Rückenwirbel und Beckenknochen nicht stark hervortreten,
- die Haut ohne Infektionen und Geschwülste sein,
- Maul, Nase und Augen frei von Schleim oder Verkrustungen sein,
- die Augen nicht zu tief in den Höhlen liegen.

Bei Echsen

- sollte die Körperfarbe kräftig sein,
- die Muskulatur der Oberschenkel kräftig sein,
- keine Verkrüppelung und Deformation auftreten,
- die Häutung vollständig abgelaufen sein.

Bei Schlangen

- sollte das Schuppenkleid glänzend am Körper anliegen,
- die Maulspalte geschlossen und wenig Speichel zu sehen sein,
- die Häutung ohne Rückstände abgelaufen sein,
- ein Züngeln nach Herausnehmen der Tiere zu beobachten sein.

Bei Schildkröten

- sollte der Panzer hart und fest sein,
- das Tier geöffnete und klare Augen haben,
- der Gegenbiss der Hornscheide übereinstimmen,
- das Tier sich beim Herausnehmen in seinen Panzer zurückziehen oder versuchen zu beißen.

Foto: X. Wapelhorst

Transport ohne Stress

Der Transportbehälter sollte dunkel und geschlossen sein und mit Moos oder Schaumstoff ausgepolstert werden. Er kann aus Pappe sein, in die Luftlöcher von innen nach außen gestochen werden. Ist der Transportweg lang oder das Tier besonders temperaturempfindlich, eignen sich Behälter aus Styropor.

Echsen und Schlangen

Sie werden in nach außen gedrehten Stoffsäcken aus reißfestem Material und ohne Löcher transportiert. Damit sie vor Zugluft geschützt sind, stellst du den Sack in einen Karton oder eine wärmeisolierende Styroporbox.

Schildkröten

Wasserschildkröten brauchen feuchte Stofftücher im Behälter. Bei kühlen Außentemperaturen sollte dieser in eine Styroporbox gestellt werden.

Wasserlebende Molche und Frösche

werden am besten wie Fische im Plastikbeutel mit Wasser transportiert.

Landlebende Frösche, Salamander, Kröten und Einsiedlerkrebse

Diese Tiere sind sehr gut in Styroporboxen oder Plastikgefäßen mit feuchten Stoffstücken aufgehoben. Aber am besten einzeln, da mögliche Hautgifte andere Tiere verletzen können.

Insekten und kleine Terrarientiere

transportierst Du am besten in speziellen Heimchendosen, die bei Bedarf mit feuchtem Papier oder Stoffstücken ausgelegt werden können.

Kleine Terrarientiere und Jungtiere transportiert man in solchen Boxen mit Deckel.

Foto: O.Mengedoht

Diese junge Kornnatter maß beim Kauf noch keine 30 Zentimeter.

Richtig eingewöhnen

Wenn Du die Tiere nach dem Kauf in ihr neues Zuhause setzt, müssen sie vom ersten Tag an eine Trinkschale mit frischem Wasser haben. Futter bekommen sie aber erst nach zwei Tagen. Einige Tiere fressen in der ersten Zeit noch gar nicht, manche Schildkröten erst nach einer Woche, manche Echsen erst nach zwei Wochen, manche Schlangen erst nach einem Monat. In der Anfangszeit kann es passieren, dass Du die Tiere noch nicht so oft siehst, weil sie anfangs noch sehr scheu sind und sich erst an das Terrarium und Deine Beobachtung gewöhnen müssen.

Quarantäne und Vergesellschaftung

Beim allerersten Einsetzen von Tieren in Dein Terrarium brauchst Du diese Hinweise nicht beachten. Wenn Du aber schon ein oder mehrere Tiere besitzt, solltest Du ein neu dazu gekauftes zunächst einzeln setzen, bis Du sicher bist, dass es nicht krank ist und die anderen Tiere anstecken könnte. Die Quarantäne (das ist das isolierte Halten in einem Übergangsterrarium) sollte mindestens vier Wochen dauern. Willst Du ganz sicher gehen, würde ich sogar zwei Monate empfehlen. Das Terrarium für die Quarantäne braucht keinen Bodengrund, du kannst Zeitungs- oder Küchenpapier verwenden. Zum Füttern dieser Tiere brauchst Du eine weitere Pinzette, die nicht für Dein anderes Terrarium benutzt wird. Damit wird verhindert, dass mögliche Krankheiten aus dem Quarantäneterrarium in Dein normales Terrarium gelangen. Futterpinzetten, Futter- und Trinkschalen werden täglich mit heißem Wasser ausgespült. Äste, Zweige und ähnliche

Dekoration kannst Du später wegwerfen.

Wenn Du ganz sicher sein willst, dass die neuen Tiere nicht krank sind, kannst Du Kotproben zur Untersuchung auf Parasiten in ein Institut schicken (s. S. 94). Das machst Du mit drei Proben im Abstand von vier Wochen, da nicht bei jedem Kot Parasiten mit ausgeschieden werden.

Wenn nach der Quarantäne das Tier in Dein Terrarium übersiedelt, solltest Du dieses vorher komplett umdekorieren, weil sonst die anderen Tiere ihr Revier verteidigen und dem Neuankömmling nicht erlaubt wird, Fuß zu fassen. Insbesondere sind nun Sichtbarrieren und Versteckmöglichkeiten wichtig, um Streitigkeiten aus dem Weg gehen zu können. Übrigens lassen sich junge Tiere eher mit weiteren Artgenossen zusammensetzen als ausgewachsene. Am besten ist es natürlich, von Anfang an ein Paar oder eine Gruppe zu kaufen und später keine neuen Tiere dazu zu setzen.

Viele Echsen, wie diesen Stachelschwanzwaran, hält man am besten als Pärchen.

Füttern der Tiere

Je nach Tier ist die Fütterung ganz unterschiedlich. Pflanzenfresser werden täglich gefüttert. Möglichst abwechslungsreich erhalten sie heimische Wildkräuter und Salat, einige dürfen auch Obst und Gemüse bekommen. Tieren, die lebendes Futter fressen, solltest Du nur so viel geben, wie sie in kurzer Zeit fressen können.

Für Echsen und Amphibien dürfen Futtertiere maximal so groß sein, wie ihr Maul breit ist. Schlangen verschlucken ihre Beute der Länge nach.

Terrarientiere, die lebende Tiere als Futter benötigen, fütterst Du je nach Art und Größe mehrmals wöchentlich bis monatlich. Besonders ausgewachsene Schlangen brauchen Zeit, um ihre Nahrung zu verdauen. Sehr junge Echsen, Schildkröten und kleine Amphibien bekommen täglich Nahrung von Dir. Trächtige und noch wachsende Reptilien, also Echsen, Schlangen und Schildkröten, brauchen zudem zusätzlich Kalzium für ihre Knochen beziehungsweise ihren Panzer. Dazu bestäubst Du das Futter vorher regelmäßig mit Kalzium- und Vitaminpulver.

Kleine **Echsen** kannst Du je nach Größe und Art mit Frucht-, Gold-, Schmeiß- oder Stubenfliegen, kleinen Fischen, haarlosen Raupen und weichschaligen Käfern füttern. Auch kleine Grillen, Schaben und Heuschrecken sind gut geeignet. Mittelgroße Echsen nehmen gerne Heuschrecken, Schaben, Heimchen und Grillen. Große Echsen kannst du auch mit Kleinsäugern, also jungen Mäusen und Ratten, füttern. Manche mögen auch Fisch.

Schnell fressen junge Zwergbartagamen aus der Hand.

Foto: O.Mengedoht

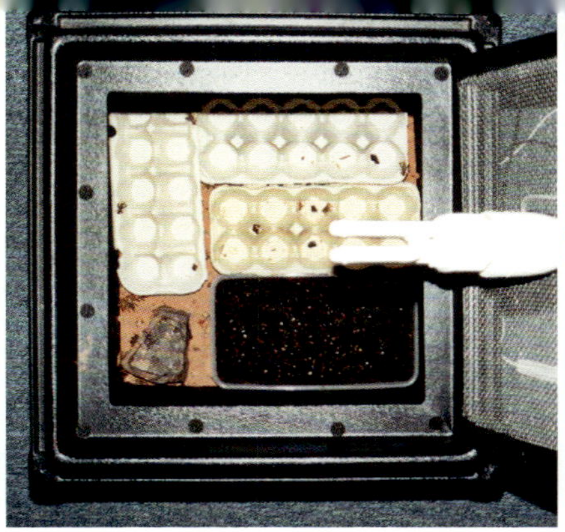

Auch **Schlangen** fressen Kleinsäuger, kleine Schlangen nestjunge Mäuse und Ratten. Die Verfütterung von heimischen Fröschen und Molchen verbietet das Bundesartenschutzgesetz wegen der großen Bedrohung.

Wasserschildkröten fressen Fischstücke, Krebstiere, Agar- und Gelatinefutter oder Trockenfutter aus dem Zoofachhandel.

Sumpfschildkröten fütterst Du mit Regenwürmern, Insekten, Fisch, nestjungen Mäusen, Wasserschnecken, Wasserpflanzen und Salat.

Froschlurche mögen Frucht-, Gold-, Stuben- und Schmeißfliegen. Gerne angenommen werden auch Wasserflöhe, Nacktschnecken und Regenwürmer.

Die Kaulquappen der meisten Amphibien ernähren sich überwiegend vegetarisch, d.h. mindestens zwei Drittel der Nahrung sollte pflanzlich sein (Mikrofutter und Tabletten für pflanzenfressende Zierfische). Der Anteil an tierischer Nahrung kann beispielsweise aus Mückenlarven, *Artemia*, Cyclops und feinem Fischfutter bestehen.

Oben links:
Heimchen, Grillen, Heuschrecken, Schaben und Obstfliegen gibt es in solchen Dosen im Zoofachgeschäft.

Mitte:
Ich füttere neu gekaufte Futterinsekten erst mal zwei Wochen mit frischem Obst und Zierfischfutter an.

Rechts:
AquaGel ist ein idealer Feuchtigkeitsspeicher für Futterinsekten. Darin können sie nicht ertrinken.

Foto: B. Kaup

Die richtige Terrarienpflege

Foto: A. Linke

Je sauberer Dein Terrarium, desto geringer ist das Risiko, dass Deine Tiere erkranken. Täglich musst Du die Trinkschale säubern und auffüllen, Kot absammeln, Futterreste und gegebenenfalls Häutungsrückstände der Tiere entfernen. Auch Reinigungsgeräte und Futterpinzetten müssen täglich gereinigt werden.

Reptilien scheiden Kot und Urin gleichzeitig aus. Verschmutzten Bodengrund kannst Du mit einem Schäufelchen entfernen. Hin und wieder muss der Bodengrund natürlich gewechselt werden. Wie oft, hängt von der Anzahl Deiner Tiere, der Terrariengröße und dem Verschmutzungsgrad ab.

Technik und Dekoration im Terrarium solltest Du jeden Monat feucht abwischen oder mit speziellen Terrarien-Reinigungssprays säubern. Natürliche Dekoration, die schnell verrottet oder im feuchten Terrarium in kürzester Zeit Schimmel ansetzt, sollte gar nicht erst benutzt werden.

Wird ein Terrarium mit anderen Tieren besetzt oder hast Du es gebraucht bekommen, muss es vollständig desinfiziert werden, Bodengrund und Dekoration müssen komplett erneuert werden.

Mit ihren Zehen haften Geckos senkrecht an der Seitenscheibe, manchmal auch an der Glasdecke.

Pflegeplan fürs Terrarium

	Täglich	nach jedem Füttern	wöchentlich	monatlich	jährlich
Tiere beobachten	x				
Technik kontrollieren	x				
Temperatur kontrollieren	x				
Luftfeuchtigkeit	x				
Trinkschale säubern	x				
Kot absammeln	x				
Futterreste entfernen	x				
Häutungsreste entfernen	x				
Verschmutzten Bodengrund entfernen	x				
Reinigungsgeräte säubern	x				
Futterpinzette säubern		x			
Technik säubern			x		
Dekoration säubern			x		
Scheiben innen und außen säubern				x	
Bodengrund austauschen					x

Echsen packt man zuerst vorsichtig am Rücken.

Tiere greifen und halten

Terrarientiere solltest Du nur anfassen, wenn es unbedingt notwendig ist.

Echsen kratzen und beißen gern. Kleine und mittlere Echsen, die entwischt sind, kannst Du durch Überwerfen eines feuchten Fenster- oder Autoleders einfangen. Darin eingeschlagen, kannst Du sie vorsichtig aufnehmen. Für sie ist das Leder sehr geschmeidig, Dich schützt es vor Bissen. Besonders vorsichtig musst Du aber bei Geckos sein. Die können schnell ihren Schwanz abwerfen, wenn sie Angst bekommen. Ohne Hilfsmittel solltest Du Echsen mit einer Hand direkt hinter dem Kopf packen. So dass sie nicht den Hals drehen und Dich beißen können. Die Vorderbeine legst Du vorsichtig nach hinten, mit der anderen Hand legst Du die Hinterbeine parallel zum Schwanz an. So wirst Du durch das Strampeln nicht gekratzt. Große Tiere sollte ein Erwachsener wieder einfangen und dabei Handschuhe anziehen.

Kleine Schlangen werden seitlich hinter dem Kopf gepackt. Du solltest sie aber nicht aus dem Terrarium nehmen, wenn die Häutung bevorsteht. Das erkennst Du an der blassen Hautfarbe und den trüben Augen. In dieser Phase brauchen die Tiere viel Ruhe.

Schildkröten fasst Du seitlich und möglichst weit hinten am Panzer, bissige Arten können nämlich versuchen, in Deine Hand zu beißen, was sehr weh tun kann.

Amphibien fängst Du am besten mit einem Kescher. In der Hand solltest Du sie nicht lange halten, denn sie nehmen Deine Körperwärme an und es besteht für sie die Gefahr der Überhitzung. Insekten dirigierst Du am besten mit dem Deckel in eine auf der Seite liegende Heimchendose.

Landeinsiedlerkrebse kannst Du vorsichtig von hinten an ihrem Gehäuse packen. Setz sie sofort um, damit sie Dich nicht mit den Scheren zwicken.

Wenn sich Tiere doch aus Deiner Hand befreien, können sie auf den Boden fallen und sich durch den Sturz verletzen. Am besten hältst Du sie über einem Tisch oder kniest Dich auf den Boden. Wenn Dir mal Futterinsekten in der Wohnung entkommen sind, empfehle ich die JBL- Schneckenfalle.

Wenn man der Echse die Hand unter den Bauch schiebt, fühlt sie sich gleich wieder sicherer.

Terrarientiere im Winter

Kaum ein Tier wird im Winter bei den gleichen Temperaturen wie im Sommer gehalten. Selbst der Leopardgecko aus dem Trockenterrarium braucht im Winter eine Ruhephase. Das ist wichtig, damit die Tiere lange gesund leben. Die genauen Temperaturangaben findest Du bei der Beschreibung des Tieres.

Eine winterliche Kurztagphase im Terrarium reicht für Amphibien und Reptilien aus gemäßigten Temperaturzonen. Über einen Zeitraum von knapp drei Wochen verkürzt Du die Beleuchtung jeden Tag um 10 Minuten. Dann beleuchtest Du das Terrarium zwei Monate lang statt zwölf nur neun Stunden täglich. Gleichzeitig senkst Du die Temperatur oder schaltest die Beheizung ganz aus. Du fütterst weniger oder gar nicht mehr. Nach dem Ende der Winterpause schaltest Du die Beleuchtung umgekehrt wie bei der Einleitung wieder ein und erhöhst die Temperatur.

Jungtiere werden im ersten Jahr, wenn überhaupt, nur kurze Zeit überwintert.

Überwintern bei niedrigen Temperaturen erfordert mehr Vorbereitung. Zwei Wochen vor Beginn des Überwinterns solltest Du nicht mehr füttern. Bei Deinen Tieren müssen Magen und Darm frei von Nahrungsresten sein, sonst können sie wegen der reduzierten Verdauungsaktivität faulen. Reptilien kannst Du in der zweiten Woche alle drei Tage in lauwarmem Wasser baden, wodurch sie ihren Kot abgeben. Ab Mitte der zweiten Woche vor der Einwinterung sollten Temperatur und Beleuchtung stetig reduziert werden.

Überwintern im Terrarium ist möglich, wenn nach Ausschalten der Heizung die Temperatur im Zimmer, in dem das Terrarium steht, der Überwinterungstemperatur der Tiere entspricht. Überwintern in anderen Behältern ist nötig, wenn man das Terrarium auch nicht in einen kühleren Raum stellen kann. Kleine Terrarientiere in kleinen Behältern lassen sich, wenn die Temperatur passt, auch im Kühlschrank überwintern. Das solltest Du aber vorher mit Deinen Eltern besprechen. Ansonsten kommt der Keller oder ein Dachboden infrage, wenn es dort kühl genug ist.

Für Schwanz- und Froschlurche eignen sich alte Aquarien, kleine Terrarien, luftdurchlässige Holzkisten oder durchlöcherte Styroporboxen von etwa 50 cm Länge. In einem Gemisch aus Laub, Walderde und Rindenstückchen überwinterst Du die Tiere bei Temperaturen von 2 bis 6 °C. Auch normalerweise im Wasser überwinternde Amphibien sollten die Möglichkeit haben, dieses zu verlassen, um sich im abgetrennten Substratteil zu verkriechen. Wasserschildkröten kannst Du im Wasser oder in feuchtem Substrat bei Temperaturen von 4 bis 8 °C überwintern. Echsen und Schlangen setzt Du zum Überwintern in luftdurchlässige Holzkisten, die mit mindestens 30 Zentimetern feuchtem Laub, Moos, Walderde und Torf gefüllt sind. Zum Beispiel eignen sich Obstkisten, wobei man die Lücken mit Holzlatten einer auseinandergenommenen zweiten Obstkiste vernageln sollte. Damit sich das Tier nicht verletzt, nagelt man von innen nach außen und schlägt das Nagelende um. Dann kannst Du Dachziegel oder Tonröhren schräg in die Kiste stellen, um die Feuchtigkeit besser zu halten.

Fotos: SXC

Alle Überwinterungsbehälter solltest Du grundsätzlich mit Fliegen- oder Drahtgaze sichern. Einmal damit die Terrarientiere nicht entkommen können, zum anderen können keine Mäuse, Marder oder Katzen die Tiere an- oder auffressen. Alle zwei Wochen solltest Du die Temperatur mittels eines Thermometers mit Fühlerkabel kontrollieren. Einige Terrarientiere, die sich sonst eingraben, unterbrechen ihre Überwinterung für ein bis zwei Tage und kommen an die Oberfläche. Beobachte diese Tiere. Graben sie sich nicht selbstständig wieder ein, solltest Du die Überwinterung abbrechen und die Tiere wieder ins Terrarium setzen. Nach der entsprechenden Zeit kannst Du durch behutsames Erhöhen von Temperatur und Beleuchtung das Ende der Überwinterung einleiten.

Foto: fotolia/jamiga-images

Deine Urlaubsvertretung

Tipp
Gib der Urlaubsvertretung für Notfälle Deine Telefonnummer, die eines befreundeten Terrarianers oder Deines Fachhändlers.

Abhängig von der Tierart, ihren Bedürfnissen und der Länge Deines Urlaubs brauchst Du eine Vertretung. Viele Jungtiere müssen täglich gefüttert, manche Terrarien ohne Sprühanlagen täglich mit der Flasche besprüht werden. Bei einigen Tieren ist dies vielleicht aber auch gar nicht nötig. Reptilien, Amphibien und Insekten können nach guter Fütterung je nach Art und Größe problemlos eine Woche bis mehrere Monate fasten. Jungtiere und Pflanzenfresser benötigen aber etwas häufiger Nahrung. Kranke Tiere sollten selbstverständlich nicht ohne Aufsicht bleiben.

Findet sich niemand, dem Du Deine Tiere anvertrauen kannst, bleibt als letzte Möglichkeit, diese im Zoofachgeschäft einige Tage unterzubringen. Der Wechsel in eine neue Umgebung und die räumliche Enge der dortigen Unterbringung sind jedoch mit sehr viel Stress verbunden und wirklich nur als Notlösung zu empfehlen.

Deine Urlaubsvertretung sollte sich weder vor Deinem Tier noch seinem Futter ekeln.

Deine Vertretung solltest Du gut in alle wesentlichen Aspekte einweisen und ihnen auch die technischen Geräte erklären und was eventuell bei deren Ausfall zu tun ist.

Ob mit oder ohne Urlaubsvertretung solltest Du Beleuchtungsdauer und Temperatur reduzieren, dadurch verbrauchen die Tiere wegen des verlangsamten Stoffwechsels auch weniger Energie. Gleichzeitig wird durch die eingeschränkte Futteraufnahme auch die Verschmutzung weniger. Vor der Abfahrt solltest Du das Terrarium noch einmal gründlich reinigen und den Tieren ausreichend Wasser zur Verfügung stellen.

Wenn Tiere krank sind

Leider sind Fehler in der Haltung die häufigste Ursache einer Erkrankung. Zum Beispiel, wenn Du Terrarium und Zubehör nicht sauber genug hältst, die Tiere nicht richtig ernährst, wenn die Luftfeuchtigkeit für die Art zu hoch ist, oder die Temperatur nicht stimmt. Auch wenn das Tier zu viel Stress hat und dadurch das Immunsystem geschwächt ist. Natürlich kann Dein Tier auch vor dem Kauf schon eine Krankheit gehabt haben, die nur später ausbricht.

Bei sichtbarem Parasitenbefall, auffälligem Verhalten oder Verletzungen solltest Du schnellstmöglich einen Tierarzt aufzusuchen. Aber einen, der sich mit Terrarientieren auskennt, denn nicht alle Tierärzte sind auf Exoten spezialisiert.

Am besten ist es übrigens, wenn Du mindestens einmal im Jahr vorsorglich und im Verdachtsfall sowieso, Kotproben untersuchen lässt. Damit kann man innere Parasiten feststellen. Die Proben werden möglichst frisch und frei von Bodenmaterial in kleinen Dosen verschlossen. Filmdosen waren ideal, wie man sie vor der digitalen Fotografie hatte. Aber auch die beiden gelben Hälften eines Überraschungseis sind geeignet, wenn sie kein Loch an einer Seite haben. Vor dem Verschicken an ein Untersuchungsinstitut, musst Du zu trockenen Kot mit etwas Wasser anfeuchten. Für den Besuch des Tierarztes ist das nicht nötig, der Weg ist ja meist kurz.

Reptilienweibchen können an Legenot sterben, wenn sie keinen geeigneten Eiablageplatz finden.

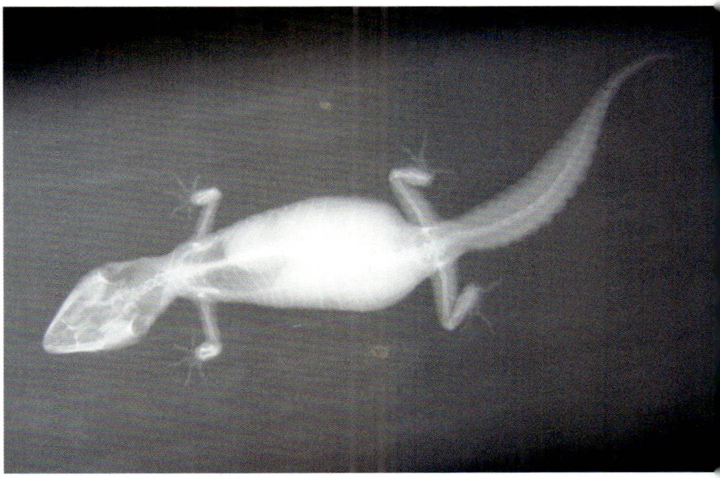

Röntgenbild: M. Jamas

Wie mach ichs richtig?

Bei der richtigen Luftfeuchtigkeit verläuft die Häutung der Echsen und Schlangen problemlos.

Damit Deine Tiere lange leben und nicht leiden müssen, habe ich Dir hier zum Schluss – aus den Erfahrungen vieler anderer Halter – noch einige wichtige Tipps zusammengefasst. Am besten kontrollierst Du damit noch einmal Deine Terrarieneinrichtung und die Haltung und prüfst anhand der Liste in größeren Abständen, dann kann eigentlich nichts passieren.

- Steht Dein Terrarium außerhalb der prallen Sonne? Überhitzung ist gefährlich für Deine Tiere.
- Hat Dein Terrarium eine Rückwand? Dauergestresste Tiere sind anfälliger für Erkrankungen.
- Hast Du auf unterschiedliche Wärmezonen innerhalb des Terrariums geachtet? Dies ist wichtig, da die Tiere ihre Körpertemperatur selbst ja nicht regeln können. Richte Sonnen- und Schattenplätze ein.
- Können sich die Tiere an Strahlern verbrennen? Wenn sie heiße Strahler erreichen können, brauchst Du einen Schutzkorb aus Drahtgeflecht.
- Haben Deine Tiere Verstecke und Rückzugsmöglichkeiten? Sie möchten auch mal ungestört sein.
- Sind bei grabenden Arten die Steinaufbauten zusammenge-

klebt? Beim Einstürzen könnten sich Deine Tiere sonst einklemmen oder gar erschlagen werden.

- Ist der Trinknapf so flach, dass die Tiere noch über den Rand schauen können? Wenn er zu tief ist und sie keine Ausstiegshilfe haben, können sie sonst ertrinken. Bei Spinnentieren und Insekten solltest Du einen feuchten Naturschwamm in die flache Trinkschale legen.
- Hältst Du Dein Terrarium sauber genug? Kot der Tiere täglich mit einer separaten Pinzette absammeln. Einrichtungsgegenstände und Technik solltest Du in regelmäßigen Abständen reinigen.
- Denkst Du dran, nicht die gleiche Pinzette, die zum Kot absammeln benutzt wird, auch zum Anbieten von Insekten zu nutzen? Das ist ganz wichtig, damit Deine Tiere gesund bleiben.
- Wenn Du ein Aquaterrarium mit Wasserfilter hast, achtest Du auf gute Filterung? Lass den Filter nicht zu dreckig werden und tausche regelmäßig zumindest einen Teil des Wassers aus.
- Sorgst Du jeden Tag einmal für ausreichendes sauberes Trinkwasser? Das musst Du Dir genauso angewöhnen wie Dein tägliches Zähneputzen.
- Fütterst Du möglichst abwechslungsreich? Stell Dir mal vor, Du müsstest immer nur das Gleiche essen.
- Denkst Du an den Bedarf von Kalzium- und Vitaminpräparaten? Für Deine Tiere ist das wichtig, damit sie gesund bleiben.
- Ganz wichtig zum Schluss: Jedes Mal, wenn Du die Trinkschale, eine Pinzette, das Tier, das Terrarium oder irgend etwas Dazugehöriges angefasst hast, Hände waschen!

Foto: O. Mengedoht

Krabben beim Fressen zu beobachten, ist richtig spannend.

Empfehlenswerte Literatur für Einsteiger:

Preissler, W. (2007): Mein erstes Terrarium zu Hause. bede Verlag, Ruhmannsfelden.

Schmidt, H. (2003): Terrarienpflanzen. Ulmer Verlag, Stuttgart.

Werning, H. (2013): Entdecke die Reptilien. Natur und Tier-Verlag, Münster.

Wilms, T. (2013): Terrarieneinrichtung. Natur und Tier-Verlag, Münster.

Hilfreiche Internetseiten

www.forum-haustiere.de
www.reptilien-forum.info
www.reptilien-forum24.de
www.terraon.de
www.terraristik-treff.de

Untersuchungsinstitute:

www.exomed.de
www.laboklin.de
www.reptilienlabor.de

Verbände:

www.dght.de
www.vda-aktuell.de
www.zzf.de

Register

Fachwissen für
Terrarianer
www.facebook.com/
terraristikmagazin
terraristik
3x
Licht-Set
gewinnen
Faszinierend:
Pfeilgiftfrösche
Kubaasseln
Türkeireise
Wirbellose
UV-B-Beleuchtung
Monika Rademacher / Oliver Mengedoht
Krabben-
Fibel
Dähne Verlag
Marco Wagemann
Landschildkröten-
Fibel
Die bekanntesten mediterranen Arten
Dähne Verlag
Timm Adam
Käfer-
Fibel
Pflegeleichte Arten und ihre Vermehrung
Dähne Verlag
Oliver Drewes
Terrarien-
Fibel
FÜR KIDS & TEENS
Dähne Verlag
www.daehne.de/terraristik